# AO ENCONTRO DE SI MESMO

Editores: *Luiz Saegusa* e *Claudia Zaneti Saegusa*
Direção Editorial: *Claudia Zaneti Saegusa*
Capa: *Filipa Pinto e Eduardo Foresti*
Projeto Gráfico e Diagramação: *Casa de Ideias*
Revisão: *Rosemarie Giudilli*
Finalização: *Mauro Bufano*
3ª Edição: *2024*
Impressão: *Lis Gráfica e Editora*

Dados Internacionais de Catalogação na Publicação (CIP)
(Câmara Brasileira do Livro, SP, Brasil)

Sinoti, Cláudio Jacques Lopes
  Ao encontro de si mesmo : reflexões sobre o ser humano e os desafios existenciais / Cláudio Jacques Lopes Sinoti, Iris Cristina de Jesus Sinoti. -- São Paulo : Intelítera Editora, 2021.

**ISBN: 978-65-5649-012-1**

  1. Autoconhecimento 2. Arquétipo (Psicologia) 3. Comportamento humano 4. Existencialismo 5. Psicologia I. Sinoti, Iris Cristina de Jesus II. Título.

21-80386                                                    CDD-158.1

**Índices para catálogo sistemático:**

1. Psicologia aplicada    158.1

Cibele Maria Dias - Bibliotecária - CRB-8/9427

Intelítera Editora
Rua Lucrécia Maciel, 39 - Vila Guarani
CEP 04314-130 - São Paulo - SP
(11) 2369-5377  -  (11) 93235-5505
intelitera.com.br - facebook.com/intelitera

**CLÁUDIO SINOTI & IRIS SINOTI**

Prefácio Espírito
**Joanna de Ângelis**

# AO ENCONTRO DE SI MESMO

# SUMÁRIO

PREFÁCIO ................................................................. 7

APRESENTAÇÃO ................................................... 11

INTRODUÇÃO ......................................................... 13

01 | O Ser Humano e suas máscaras ............ 17

02 | Encontro com a sombra ......................... 25

03 | Espelho, espelho meu! ............................ 33

04 | Os complexos ............................................ 37

05 | O ego e os mecanismos de defesa .......... 45

06 | Qual a nossa verdadeira busca? ............. 55

07 | A evolução da consciência ...................... 63

08 | Qual a finalidade da vida? ...................... 73

09 | O drama entre ter e ser .......................... 79

10 | Sofrimento: necessidade ou escolha? ..... 87

11 | Tristeza ou depressão? ............................ 93

12 | É possível medir a Felicidade? ............... 99

13 | Reflexões sobre a Família ..................... 109

14 | O Casamento e seus desafios ............... 115

15 | E viveram felizes para sempre?! .......... 123

16 | Separação e recomeço ............................ 129

17 | Entendendo a Traição ............................. 133

18 | Autotraição ............................................... 139

19 | Desafios do *homo tecnologicus* ............143

20 | Explorando Júpiter, Vênus e Marte .....147

21 | Curtir e Compartilhar ............................ 155

22 | Sobre a Calúnia ......................................161

23 | Por um pouco mais de Gentileza ......... 167

24 | Vazios na Alma ....................................... 173

25 | Solidão e Solitude .................................. 179

26 | Resgatando a Criança Interior ............. 185

27 | Envelhecer: as belezas e desafios
do "entardecer" da Vida ....................... 193

28 | O "Pai-Nosso":
uma proposta terapêutica ................. 199

29 | As lições da Pandemia ......................... 207

30 | Ao Encontro de Si Mesmo ....................217

# PREFÁCIO

## Joanna de Ângelis

A mulher e o homem contemporâneos, deslumbrados pelas conquistas modernas e avançada tecnologia, afadigam-se em muitas frivolidades sociais e postergam ações nobres que passam a uma posição secundária.

Nos períodos de repouso, apegam-se a programas fúteis para estarem informados do que se passa à volta e surpreendem-se com os labores edificantes que ficaram à espera.

Há uma justificativa para tal comportamento, que vai adquirindo cidadania, em um mecanismo de evasão da responsabilidade, que é um período do tempo sem tempo.

O trabalho de dignificação, que a cada qual é atribuído, torna-se fastidioso e cansativo pelo fato de não ser uma responsabilidade breve, mas contínua, e sofre as inevitáveis consequências da preguiça mental e da adaptação à ociosidade que os mortificam sem que se deem conta.

No que diz respeito ao autoconhecimento, a situação é mais complexa e mais difícil, por exigir esforço e continuidade.

Na condição de animal humano em processo de crescimento, acumulam experiências variadas que devem ser transformadas, cedendo lugar a situações espirituais e morais relevantes.

Remanescendo mecanismos de evolução que foram ultrapassados, sofrem-lhes a presença no conjunto atual em forma de conflitos, complexos, distúrbios de conduta, que devem enfrentar ao buscar-lhes a libertação.

Ferramentas de fuga do *ego*, transferindo de comportamento por não saber superar a culpa e outros arquétipos perturbadores que constituem o ser atual aprisionados nas heranças psicológicas que os castram, aturdem ou empurram-nos a assumir comprometimentos graves.

Nas responsabilidades sociais, os convites para fora multiplicam-se na transitoriedade carnal, em que as máscaras colocadas sobre a face não conseguem ocultar de todo as aflições interiores.

Entregues à mágica da ilusão de que a vida física não se interromperá de um para outro momento, preferem ignorar e trocar as necessidades reais pelas fantasias e disfarces exteriores, até os momentos difíceis, quando despertam, às vezes, sem querer, para sua realidade.

Nesse momento, começa a corrida para encontrar a solução dos problemas internos com recursos externos que os não alcançam.

Espíritos doentes em processo de reconquista da saúde exasperam-se quando as terapêuticas adotadas não conseguem de imediato solucionar os tormentos.

Largo tempo foi aplicado em favor da imagem externa que se construiu lentamente e se firmou nas paisagens da emoção, exige terapia longa e mudança de conduta para o encontro da legitimidade do que se é àquela que parece.

O ser humano é resultado de uma complexidade celular extraordinária e de uma usina mental que não cessa de funcionar.

Corrigir os hábitos mentais viciosos, que resultam em prazeres sensoriais de breve duração, é o impositivo inicial de qualquer protocolo terapêutico de valor.

Descobrir-se a gênese dos problemas e trabalhar-lhes as causas é o tratamento severo e rigoroso da mudança para o bem-estar.

\*\*\*

A obra que se vai ler é um guia seguro para facultar o autodescobrimento e remanejar a conduta, de modo a diluir as matrizes emocionais das morbidezas e agonias.

A experiência dos seus autores na vivência diária dos transtornos de variada etiologia, unida aos estudos da moderna Psicologia, inclusive e principalmente Jung, Frankl e outros, sem olvidar o eminente Freud, aqui se encontra muito bem apresentada didaticamente.

Os estudos, a princípio, são propostos de forma genérica e após específicas, examinando os fatores de destruição e os seus recursos de transformação, conforme Jesus, o incomparável ser numinoso,[1] na condição de Guia e Modelo da Humanidade.

---

1 Influenciado, inspirado pelas qualidades transcendentais da divindade.

O livro exige um estudo cuidadoso de reconstrução do ser na identificação de si mesmo, a fim de viver com o outro, o seu próximo, de certo modo fator essencial da sua existência.

Inicialmente é um avanço por um túnel com a claridade a distância, que vai sendo alcançada à medida que a responsabilidade da consciência abandona o nível de sono para um despertar profundo e lograr a transcendência do *ego*, e o autoconhecimento conduzir ao amor cósmico.

Augurando[2] aos queridos leitores de ambos os sexos a conquista da saúde e da paz, a servidora humílima,

*Joanna de Ângelis*

(Página psicografada pelo médium Divaldo Pereira Franco, na sessão mediúnica da noite de 14 de junho de 2021, no Centro Espírita Caminho da Redenção.)

---

2 Desejando.

# APRESENTAÇÃO

A vida é um dom precioso, de valor inestimável, merecendo um olhar atento às suas inúmeras expressões e possibilidades. Quando a ciência nos apresenta as eras que foram necessárias para o aprimoramento de suas variadas formas de expressão, chegando até o humano em sua atual constituição, ficamos maravilhados com o trabalho da natureza, que guiada por uma inteligência superior nos conduziu a conquistas admiráveis.

Essa longa jornada possibilitou à mente humana os altos voos do conhecimento e da inteligência, que dentre tantas proezas foi capaz de construir máquinas e telescópios poderosos, a ponto de vasculhar planetas e esferas distantes, assim também microscópios que nos descortinam as micropartículas, possibilitando compreender ainda mais a respeito da história de nosso planeta, do Universo e da própria vida.

Nada obstante, ainda são numerosas as incógnitas a serem decifradas a respeito da *Vida* e do próprio ser humano, fazendo com que as almas da Terra, cheias de aparatos tecnológicos e lazeres, sintam-se *vazias de sentido*, pedindo socorro nesse momento desafiador da humanidade. Isso ficou ainda mais evidente na Pandemia que ora nos deparamos, demonstrando a fragilidade do ser humano perante desafios mais intensos. Os diversos conflitos existenciais, as preocupantes estatísticas das psicopatologias em geral, igualmente da violência, nos dão conta de que há muito campo para transformação e para novas descobertas em torno do ser e do comportamento humano. E grande parte dessa jornada de explorações e descobertas depende de uma atitude receptiva por parte de cada indivíduo ao processo de autoconhecimento.

Imbuídos do propósito de entender os enigmas humanos, fomos escrevendo, ao longo dos últimos anos, artigos e reflexões de cunho terapêutico. Muitos desses apontamentos surgiram durante os estudos da Série Psicológica de Joanna de Ângelis, igualmente dos relatos de pacientes em terapia, que gentilmente permitiram compartilhar suas descobertas e experiências.

Alguns temas complexos são apresentados de forma simples e resumida, reconhecemos, mas esperamos que os breves apontamentos possam estimular de alguma forma aqueles que se aventuram na jornada rumo ao mundo interior a prosseguirem no seu labor heroico.

Aproveitamos para agradecer a todos e a todas que estiveram (e permanecem) conosco ao longo dessa jornada de estudos e aprendizados, também ao casal Cláudia Bandeira e Moisés Bisesti, que gentilmente revisaram os textos que ora apresentamos, com suas oportunas sugestões. A Joanna de Ângelis e Divaldo Franco, nossa profunda gratidão pelo tesouro que nos disponibilizaram através de suas obras e exemplos de vida.

Salvador (BA), junho de 2021
*Cláudio Sinoti & Iris Sinoti*

# INTRODUÇÃO

A vida se revela pelos caminhos mais improváveis, e de onde menos se espera a beleza se revela de forma surpreendente.

Certo dia, demos conta de uma flor que nasceu na parte externa de nosso consultório terapêutico, em uma bela imagem simbólica do que vem a ser o processo do despertar. Trata-se de um local ao qual não temos acesso, e que raramente é cuidado, mas que, de forma surpreendente, um dia nos brindou com uma bela flor.

Às vezes, acreditamos que as barreiras colocadas à nossa frente são intransponíveis, e então nos acostumamos com a ausência de luz. Sepultamos dores, colocamos concreto em feridas, escondemos nossos tesouros... E o cinza de nosso interior vai contaminando tudo que se encontra à volta.

Mas a semente da alma, o nosso vir a ser, jamais desiste de nós. E revelando toda sua potência e esplendor, um dia desabrocha. Começa com tímido ensaio, até que possa finalmente florescer, tendo ao longe o magnetismo do sol como força de atração.

O convite que fazemos por meio deste livro é para que possamos mergulhar em nós mesmos, tal qual uma semente que mergulha na terra para extrair os elementos necessários a fim de florescer e frutificar. Nos capítulos iniciais apresentamos algumas das partes que compõem a nossa Psique. Afinal, como podemos transformar e aprimorar o que não conhecemos? Compreender a *persona*, o ser humano e suas máscaras para nos auxiliar a entender os padrões de comportamento, o nosso e o das pessoas que nos cercam. Muitas vezes tentamos nos defender das angústias e fragilidades através delas, todavia, elas também podem limitar nosso desenvolvimento.

Por trás das máscaras se esconde a Sombra, esse arquétipo muitas vezes perturbador, mas que apresenta não somente o lado negativo, mas tudo o que se encontra distante da consciência, necessitando de luz. A nossa deve ser a busca para integração da sombra, não de sua destruição, até porque o ser humano precisa de todas as suas partes e aspectos para se tornar um ser integral. Por isso, devemos caminhar rumo ao encontro com a sombra.

Mas, as experiências vividas frequentemente guardam conteúdos emocionais perturbadores, que Carl Gustav Jung, o pai da Psicologia Analítica, analisa através dos Complexos. É de essencial importância, no processo terapêutico, revisitar essas experiências emocionais e entender as marcas deixadas ao longo do tempo. Muitas vezes é a partir dessas marcas que o *ego* estabelece certos mecanismos de defesa, como forma de se proteger das angústias com as quais não aprendeu a lidar.

Mesmo através dos conflitos e desafios, a vida apresenta um propósito existencial, e essa busca é o que nos conecta de forma mais profunda à própria vida, cuja evolução da consciência se deu através de eras.

Nessa busca de propósito, é sempre importante se questionar: Qual a finalidade da vida? Qual a nossa verdadeira busca?

Nessa busca, repetidamente nos perdemos no drama entre ter e ser, e escolhemos caminhos que podem nos trazer sofrimento, tristeza ou depressão. Porém, ao aprendermos a fazer escolhas conscientes, construímos a felicidade, que é muito mais uma forma de ser do que propriamente uma vida isenta de desafios.

Mas o ser humano é um ser social, e nessa jornada ao encontro de si mesmo é importante entender a dinâmica dos relacionamentos, cujas bases encontram-se enraizadas na família, em que estruturamos a nossa personalidade. As vivências familiares servem constantemente de padrão às relações de casamento, com todos os seus desafios. Infelizmente, nem sempre se é feliz para sempre, e em alguns casos a separação é o caminho escolhido, seja por conta da traição, da autotraição ou por diferentes motivos.

Outros aspectos interferem significativamente no comportamento humano, especialmente nesses tempos de tantos avanços tecnológicos, nos quais as relações humanas ganham novos contornos, que são importantes de ser compreendidos, porque nos afetam intensamente.

O desenvolvimento das virtudes, dentre elas a gentileza, nos prepara para adentrarmos os vazios da alma. A cura desse vazio muitas vezes passa por transformar solidão, a dor de estar só, em solitude, momento em que a convivência consigo mesmo se torna harmoniosa. Olhar no espelho de si mesmo e descobrir as belezas do mundo interno, especialmente quando resgatamos a nossa criança interior, nos prepara para viver conscientemente todas as etapas da vida, incluindo o envelhecer, com todas as suas belezas e desafios.

E em todo esse caminhar, a oração é excelente ferramenta terapêutica, e isso fica claro quando aprofundamos o olhar sobre a oração "Pai-Nosso", em cada uma de suas etapas.

E ao considerarmos que as crises que vivemos são excelentes oportunidades de aprendizado, não podemos deixar de aprender as lições da pandemia, que se de um lado apresenta inúmeros desafios, de outro possibilita avaliarmos o que realmente necessitamos para nos tornar plenos.

E que toda essa jornada propicie que possa prosseguir ao encontro de si mesmo, e que mesmo em meio aos escombros de fora, de um chão ainda instável, sua vida brilhe rumo ao sol, até que finalmente se transforme em um jardim florido, repleto de cores e perfumes, honrando a semente de vida que existe em você. E que, mesmo em meio ao caos, permita que desperte sua improvável flor.

# 01
# O SER HUMANO E SUAS MÁSCARAS

> *Escolher a própria máscara é o primeiro gesto voluntário humano. E solitário. Mas quando enfim se afivela a máscara daquilo que se escolheu para representar-se e representar o mundo, o corpo ganha uma nova firmeza, a cabeça ergue-se altiva como a de quem superou um obstáculo. A pessoa é.*
>
> Clarice Lispector

Narram as tradições que, na Antiga Grécia, os atores se utilizavam de máscaras para dar vida aos seus personagens, sendo mais fácil construir uma identidade provisória a partir do artefato, modelado de acordo com as características que se desejava evidenciar. Essas máscaras eram conhecidas pelo nome de *persona*.

Embora as *personas* tenham caído em desuso no teatro, fazendo parte apenas de algumas festividades coletivas, na visão psicológica elas continuam a participar ativamente de nossas vidas, exercendo grande influência em nossa personalidade.

Foi Carl Gustav Jung, o célebre psiquiatra suíço, que inicialmente aprofundou o estudo da *persona* e seus efeitos na personalidade, estabelecendo que: "A *persona* é um complicado sistema de relação entre a consciência individual e a sociedade; é uma espécie de máscara destinada, por um lado, a produzir um determinado efeito sobre os outros e por outro lado a ocultar a verdadeira natureza do indivíduo."[3]

---

3 JUNG, Carl Gustav. *O eu e o inconsciente*. Editora Vozes.

Logo no princípio do processo educativo a criança começa a receber sinais do que é aceito e do que não é bem aceito em seu comportamento, de acordo com os valores da família, da cultura, da religião etc. Isso é natural na formação da personalidade e possibilita transparecer em nosso comportamento determinadas características, especialmente as que são mais bem aceitas no contexto em que vivemos. Essas características formam a *persona*.

Até certo ponto isso não é efetivamente um problema, pois as instâncias coletivas possuem seus valores e crenças, e para um funcionamento harmônico da sociedade determinados valores e princípios precisam ser respeitados. No entanto, se existe certa ânsia exagerada por parte do indivíduo em ser aceito coletivamente, isso pode levar à fixação exagerada no atendimento da *persona*, em detrimento do ser que se é efetivamente. Quando isso se dá, sem nos darmos conta, fortalecemos uma imagem de nós mesmos incompatível com a nossa verdadeira identidade, e nesse ponto a *persona* passa a ser um problema. Esse processo ocorre por diversos fatores:

## 1. O DESCONHECIMENTO DE NÓS MESMOS

Grande parte de nossa psique nos é desconhecida, ou seja, não conhecemos nossa identidade profunda, a realidade espiritual que somos e os valores que tipificam nossa personalidade, formando aquilo que chamamos de sombra, a parte ignorada pela consciência. Essa ignorância alimenta a construção de identidades provisórias, como forma de adaptação ao coletivo.

O grande mal advindo desse aspecto incide no fato de muitos acreditarem que são somente a *persona*, restritos aos papéis que ocupam ou àquilo que mostram ser, o que pode se tornar causa de muitos transtornos, pois a parte negada da personalidade, em algum momento, irá cobrar sua participação na vida consciente.

## 2. A VIDA CENTRADA NO *EGO*

O egocentrismo leva à distorção de nossa percepção de vida, e nossos objetivos e metas tornam-se distorcidos e imediatistas. E para ter "sucesso", frequentemente, o *ego* pode utilizar artifícios que contrariam os valores ético-morais importantes. Almejando somente o sucesso, na visão limitada e egoica, construímos em torno da personalidade características que até podem conduzir aos objetivos almejados, mas se esses anseios não se encontrarem em consonância com o ser que somos de fato, com a nossa vocação, em algum momento, a alma clamará por tudo o que foi deixado à margem.

Não foi à toa que, antes mesmo da Psicologia, O *Livro dos Espíritos* apontava o egoísmo como o grande mal da humanidade, a grande chaga que deve ser combatida de todas as formas visando a uma vivência individual e coletiva mais saudável e harmônica.

## 3. BAIXA AUTOESTIMA

Ao desvalorizarmos algumas de nossas características, não desenvolvendo o autoamor ou a autoestima, isso pode se tornar uma fonte de alimentação da *persona*, fortalecendo-a no sentido oposto dessas características que não valorizamos. Por exemplo, é comum no processo terapêutico notar que pessoas muito rígidas, autoritárias e que exibem imagem de destemor, com frequência construíram essas máscaras como forma de defesa de seus medos, fragilidades e inseguranças, a fim de não demonstrarem fraqueza, incompetência ou insegurança.

A questão é que essa postura, em vez de resolver o problema, cria conflitos, enquanto o ser não decida por enfrentar a si mesmo e reconhecer naturais limitações que marcam a jornada rumo à plenitude. Somente pelo reconhecimento das limitações é que essas podem ser trabalhadas, transformando-se em virtudes.

## 4. TRAUMAS E VIVÊNCIAS NEGATIVAS

Alguns eventos são extremamente dolorosos e difíceis de ser suportados pela personalidade consciente. Muitas crianças passam por abusos, traumas e dores intensas, e não sabendo o que fazer com essas emoções, especialmente quando não recebem o apoio necessário dos pais e educadores para tal, constroem muros para isolar essa lembrança.

Tornam-se, geralmente, pessoas frias, ou exageradamente emotivas, sintomas de defesa daquilo que pode ser muito doloroso para que o *ego* se recorde, enquanto não esteja maduro o suficiente para elaborar e ressignificar suas frustrações.

## 5. EXPECTATIVAS DOS PAIS, DA SOCIEDADE, DA MÍDIA ETC.

Educados dentro de certos padrões e valores, normalmente, buscamos atender ao que a coletividade espera de nós, especialmente quando não temos segurança ou somos imaturos. Quantas pessoas escolhem a própria profissão e até mesmo relacionamentos, buscando aceitação social ou da família? Assim procedendo, tolhem suas próprias características para atender ao outro, o que demonstra insegurança em escolher o próprio caminho, ainda que isso contrarie a expectativa de alguns, pois afinal aquele que não estiver preparado para lidar com críticas e falta de apoio exteriores certamente terá dificuldade de se realizar, no sentido pleno da palavra.

## HOMENS ESPELHO – HOMENS PAREDE – HOMENS PONTE

A *persona* não é de todo negativa e, às vezes, ela é até mesmo necessária. Em alguns momentos precisamos de uma postura condizente com o momento vivido, com a circunstância em que nos encontramos. Imaginemos comparecer a uma cerimônia, a um sepultamento sem respeitar o contexto. Ou, então, visitar um país de cultura diferente da nossa nos comportando de maneira equivocada para aquela realidade. Seguramente, deveremos nos comportar de acordo com certos padrões, tendo-se em conta as circunstâncias que se apresentam. Igualmente, a profissão que abraçamos pode exigir certo padrão de comportamento, possibilitando criar relações de confiança com as pessoas.

Imaginemos chegar a um consultório médico, e o profissional que nos atende apresentar linguajar ou postura inadequados. Por mais competente que fosse o profissional, nossa relação de confiança estaria abalada, por não possuir alguns elementos esperados dentro das relações sociais.

O problema, portanto, se intensifica quando investimos mais na aparência do que na essência, ou seja, quando o nosso parecer é colocado acima do *ser*.

Joanna de Ângelis[4] nos chama atenção a esse respeito, ao avaliar alguns aspectos negativos da *persona*. Os define como **Homens Espelho**: "aqueles que, não tendo identidade própria, refletem os modismos, as imposições, as opiniões alheias. Eles se tornam o que agrada às pessoas com quem convivem..."

Esse ser espelho reflete tudo, menos o próprio ser, pela grande preocupação de parecer. É comum ver pessoas exaltarem e imitarem seus ídolos, ou maneirismos vendidos por grande parte dos meios de comunicação, tentando exaltar modelos por apelo comercial e mercadológico. Quando encontram pessoas imaturas, os Homens e Mulheres Espelho, esses se transformam em campo propício para implantar projeções, dar vazão à insensatez que se transforma em normalidade. E tal comportamento alimenta o que alguns chamam de ditadura da beleza, a se propagar impondo padrões doentios àqueles que perdem o contato com sua própria personalidade.

Existem ainda os **Homens Parede,** definidos como aqueles "que reagem contra todas as vibrações que

---

[4] FRANCO, Divaldo P. Pelo Espírito Joanna de Ângelis. *O homem integral*. Leal Editora.

lhes são dirigidas, antes de as examinar."[5] São os que constroem estruturas inacessíveis ao seu mundo íntimo, como forma de se proteger das próprias fragilidades. É a postura do "agredir antes, evitando ser agredido". Trata-se daqueles que construíram muros ao redor da personalidade, que normalmente conseguirão se libertar somente por meio de muitas crises, que impulsionam a mudança de postura.

Poucos, no entanto, se transformam em **Homens Ponte**, a postura ideal daqueles que se colocam "...entre extremos para ajudarem, facilitarem o trânsito, socorrerem nos abismos existenciais...".[6] O homem ponte é aquele que não luta mais contra sua personalidade, nem constrói as *personas* da ilusão, mas se alia interiormente e colabora exteriormente, trabalhando e crescendo incessantemente.

Jesus, na condição de Psicoterapeuta incomparável, já demonstrava conhecer essa tendência da criatura humana, e falando aos fariseus estabelecia um ensinamento universal: "Ai de vós, escribas e fariseus, hipócritas, porque sois semelhantes aos sepulcros caiados, que, por fora, se mostram belos, mas interiormente estão cheios de mortos e de toda imundície. Assim também vós exteriormente pareceis justos aos homens, mas, por dentro, estais cheios de hipocrisia e de iniquidade."[7]

O caminho apontado pelo Mestre direciona ao equilíbrio entre o exterior (a aparência) e o interior

---

5 FRANCO, Divaldo P. Pelo Espírito Joanna de Ângelis. *O homem integral.* Leal Editora.
6 Idem.
7 *Evangelho de Mateus* 23:27-28.

(a essência). Para que isso ocorra, o autoconhecimento é o caminho inevitável, por meio do qual identifica-se os aspectos da personalidade e, então, se trabalha de forma perseverante para a transformação daqueles que estejam em desalinho com o propósito de crescimento pessoal e espiritual.

Aceitar-se como se está é passo importante, sem o desejo de imitar os modelos exteriores, na maioria das vezes sem sustentação em bases consistentes. Não se trata de aceitação passiva do patamar em que nos encontramos, mas profundamente ativa, de prosseguir nos ajustes necessários e entender que a vida e a construção da personalidade exigem dinâmica intensa, esforços constantes para o autoaprimoramento. A autoaceitação conduz à autoestima, pois passamos a valorizar nossas conquistas e possibilidades, não nos entregando às limitações transitórias, pois a transformação é sempre possível àquele que deseja e trabalha de forma perseverante.

Aliado a isso, o olhar espiritual da vida nos permitirá revisitar as páginas dolorosas de nossa história, como eventos necessários ao reajuste perante a consciência. Afinal, o que vivemos hoje é, geralmente, consequência do passado espiritual desajustado, enfermo, que presentemente necessita de correção.

A atitude consciente e perseverante transformará a personalidade como um todo, quando finalmente poderemos retirar as máscaras da ilusão, colocadas por nós mesmos, e viver o patamar da conquista, sem perder de vista outras tantas realizações que nos faltam para atingirmos a plenitude existencial.

# 02 ENCONTRO COM A SOMBRA

*Olá, escuridão, minha velha amiga. Eu vim para conversar com você novamente. Por causa de uma visão que se aproxima suavemente. Deixou suas sementes enquanto eu estava dormindo. E a visão foi plantada em minha mente. Ainda permanece, dentro do som do silêncio.*

**Simon & Garfunkel**[8]

Um dos grandes desafios no processo de autoconhecimento é o encontro com a sombra. A psicologia utilizou-se do conceito que provém da física, que entende a sombra tal qual a região escura formada pela ausência parcial da luz, para construir um paralelo com o que ocorre na psique. Carl Gustav Jung a definiu como a parte que "o indivíduo recusa conhecer ou admitir e que, no entanto, sempre se impõe a ele, direta ou indiretamente, tais como os traços inferiores do caráter ou outras tendências incompatíveis..."[9]

Para formar uma imagem simbólica da sombra, imaginemos morar em uma casa muito ampla, com vários cômodos e pavimentos, subterrâneos e superiores, além das áreas externas. Descuidar da sombra seria como cuidar apenas do andar térreo, esque-

---

8 Tradução do trecho original em inglês: "Hello darkness, my old friend. I've come to talk with you again. Because a vision softly creeping. Left its seeds while I was sleeping. And the vision that was planted in my brain, still remains. Within the sound of silence..."

9 JUNG, Carl Gustav. *Memórias, sonhos, reflexões*. Ed. Nova Fronteira.

cendo-se dos porões e demais partes importantes da casa, o que além de poder abalar a estrutura como um todo, não utiliza nem embeleza a propriedade em todo seu potencial.

Na análise de Joanna de Ângelis,[10] o desconhecimento da sombra causa a fragmentação da psique em "dois eus", e o papel do *ego* será "estruturar-se para adquirir consciência da sua realidade não conflitando com o *self* que o direciona, única maneira de libertar a sombra". Nessa perspectiva, a sombra não deve ser destruída, mas integrada à personalidade. O *self* é a verdadeira identidade do indivíduo, sua essência e totalidade, que Jung também chama de *Si mesmo*. Mas, a totalidade do ser somente se desenvolve quando todas as suas características se desenvolvem, porém, o desconhecimento e a negação da sombra impedem que isso ocorra.

Um dos problemas que justificam o desconhecimento da sombra é que, de uma forma geral, correlacionamos a sombra com o mal que há em nós. Mas a sombra não é o mal, apesar de sua manifestação ser entendida como tal. Ela é, na verdade, uma fonte de possibilidades e qualidades que, por diversas razões, negligenciamos ou não utilizamos. O medo de lidar com algumas partes de nossa personalidade, a educação castradora, bem como certos aspectos nossos que não são aceitos culturalmente, tendem a alimentar a formação da sombra.

---

10 FRANCO, Divaldo P. Pelo Espírito Joanna de Ângelis. *Em busca da verdade*. Leal Editora.

Para exemplificar, imaginemos uma cultura que não aceita que "homens chorem", tão comum de verificarmos. Com essa falsa verdade, alimentamos na sombra masculina uma série de manifestações emocionais que passam a ser reprimidas ou mesmo negadas. O resultado: machismo, autoritarismo, brutalidade e violência, que resultam de contenções e repressão na sombra de expressões perfeitamente naturais e saudáveis da personalidade. Passaremos a citar outras consequências do desconhecimento da sombra, algumas delas desastrosas.

## CONSEQUÊNCIAS DO DESCONHECIMENTO DA SOMBRA

### 1. QUANDO ELA PERMANECE INCONSCIENTE, ELA FAZ ESCOLHAS POR NÓS.

É que por pressionar o *ego*, essa parte importante da personalidade influencia nossas atitudes. Ela pode influenciar na escolha de nossa profissão, relacionamentos e no caminho existencial como um todo. É que, com a visão limitada, o *ego* deseja o que lhe traga rendimento imediato, e, não necessariamente o que tem aptidão; escolhe pela aparência enquanto a essência é esquecida. Entregamos a nossa vida ao turbilhão do dia a dia e somos arremessados de um lado para o outro, sem controle dos nossos atos, acreditando-nos vítimas do destino e do acaso.

## 2. PROJETAMOS FORA, NOS OUTROS, TODAS AS CARACTERÍSTICAS NEGATIVAS QUE ENCONTRAMOS.

O problema é que não notamos e custamos a acreditar se tratar de aspectos que fazem parte de nossa própria personalidade, e por isso reconhecemos tão facilmente nos outros. E ao tratarmos o defeito como sendo "dos outros", caímos na ilusão de pensar que isso está resolvido em nós, e que o outro é que deve mudar sua atitude e comportamento. Isso se dá também com aspectos positivos, e projetamos "nossa luz" em gurus, mestres e médiuns, que nada obstante possam ser pessoas realmente equilibradas, na condição de seres humanos, possuem, igualmente, sua sombra. O que ocasiona as inúmeras frustrações que temos com as pessoas, pois esperamos que os outros sejam como nós projetamos, e, não os aceitamos como são efetivamente.

## 3. NÓS NOS IDENTIFICAMOS COM A SOMBRA.

Em seus aspectos mais negativos, e nos entregamos a eles, sem sermos capazes de elaborar uma autocrítica ou avaliação das consequências de nossos atos. Alguns chamam isso de *Complexo de Gabriela*, imortalizado na canção de Dorival Caymmi, eternizada na bela voz de Gal Costa: "Eu nasci assim, eu cresci assim (...) vou ser sempre assim...". Acomodamo-nos em uma perspectiva limitada de nós mesmos e levamos uma vida como um rascunho, sem aproveitarmos o que existe de melhor e sem conhecermos as nossas qualidades.

## LIDAR COM A SOMBRA

É possível lidar com a sombra de forma madura e aproveitar o que ela possui de melhor e mais valoroso para a personalidade. Conforme observa Joanna de Ângelis: "Nessa aparente dicotomia dos dois eus, a ocorrência se dá porque um não toma conhecimento do outro de forma consciente, podendo mesmo negar-se um ao outro. O Eu, porém, é único, indivisível, manifestando-se, isto sim, em expressões diferentes de consciência e de autorrealização."[11]

A história de "Paula" ajuda a entender um pouco da importância de mergulhar na sombra e entender que ela não é somente o mal que existe em nós. Ela aprendeu desde cedo que as meninas deveriam se tornar boas donas de casa. Sua alma artística, no entanto, clamava para que fosse livre, com toda sensibilidade do seu ser, na forma de pinturas e melodias que lhe brotavam de modo muito natural e belo.

Mas, sempre que tentava mostrar no ambiente familiar seus esboços e intuições, logo vinha a repreensão: "...deixe de sonhar menina, venha ajudar sua mãe porque isso não vai te levar a lugar algum...". Com o tempo, Paula entendeu que aquele ambiente das pessoas que tanto amava não acolhia essa parte do seu

---

[11] FRANCO, Divaldo P. Pelo Espírito Joanna de Ângelis. *O despertar do espírito*. Leal Editora.

ser, e começou a guardar somente para si o mundo mágico que lhe povoava a mente e o coração. De início, compartilhava com algumas amigas mais próximas e depois até isso foi deixando de lado.

A interpretação, ainda que inconsciente, afiança ser aquilo inadequado aos propósitos de se tornar uma boa esposa e uma boa dona de casa, tão acalentados por seus pais. Na condição de filha obediente, ela seguiu as orientações familiares. Quando se casou, logo vieram os filhos, e cuidar deles virou sua meta principal.

Os papéis de mãe e dona de casa ocupavam todas as suas preocupações, e quando falava ao marido de sua vontade de continuar a estudar, ele fazia questão de lembrar que as obrigações de casa eram muitas e que, como ele trabalhava, quem daria conta de tudo? Novamente, Paula foi se anulando dos demais papéis da vida e abafando o seu próprio ser.

Tudo parecia correr bem, mas após a formatura do filho mais novo, angústia profunda se abateu sobre ela. E ela se culpava por isso, afinal, os filhos estavam bem nas suas profissões, e ela deveria se sentir realizada. Foi nesse ponto que Paula procurou a Terapia. Logo nas primeiras sessões, falava muito dos quadros na sala de recepção, a ponto de se emocionar com eles. Destacava as técnicas de desenho utilizadas e que seus traços eram de uma beleza singular. Perguntada se pintava, ela chorou profundamente.

As emoções são reveladoras de forças que habitam nosso mundo interior, e esse ponto passou a ser explorado na terapia. Com o tempo, ela se permitiu inscrever em cursos de pintura, e as professoras e professores se impressionavam com sua técnica. Hoje, seus quadros participam de exposições e são muito elogiados, até mesmo por artistas conhecidos.

E ela começou a pintar após os 50 anos de idade, mas seu talento já estava lá há muito tempo, aguardando apenas que ela acolhesse tudo o que estava na própria sombra, em um quarto escuro e trancado de seu ser, aguardando que ela acolhesse essas características naturais de sua personalidade.

Da mesma forma que Paula, muitos dos nossos talentos e aptidões podem ter ficado escondidos, aguardando a coragem para os libertar.

## TOMAR CONHECIMENTO DO "OUTRO EU"

Para tomar conhecimento desse "outro eu" alguns pontos poderão auxiliar.

Ficar atento às projeções, aos aspectos que julgamos negativos e positivos, especialmente quando as atitudes e comportamentos dos outros nos chamem atenção ou incomodem com mais frequência. Avaliar de que modo se encontram esses aspectos em nós, modificando de conduta e percepção naquilo que julgamos negativo e ampliando as possibilidades de exercitar os valores que reconhecemos facilmente nos outros, e que não reconhecemos como nossos também.

Rever a nossa história e avaliar as nossas escolhas, buscando perceber quais as crenças que influenciaram e nos conduziram a elas. Poderíamos ter feito de forma diferente? Isso não deve ser feito para se culpar ou punir, mas para permitir que as escolhas do presente e do futuro sejam feitas de forma mais consciente.

Perceber as avaliações que fazem a nosso respeito. Não no sentido de considerar que somente elas sejam importantes, pois a autocrítica é fundamental. Mas temos de reconhecer que, muitas vezes, aspectos que aos nossos olhos passam despercebidos, são visíveis aos que conosco se relacionam.

Admitir que aquilo que não nos deixa confortáveis é, apesar de tudo, nosso, e que podemos crescer em nossa capacidade de trabalhar com essa energia e assimilá-la de forma consciente.

O encontro com aquilo que acreditamos ser as nossas piores características é o caminho de acesso ao que possuímos de melhor. Enfrentar o nosso mal é uma forma efetiva de melhorar a humanidade. É preciso compreender que, para sermos perfeitos, não podemos viver parcialmente. Sendo a sombra parte da personalidade, somente a integrando poderemos chegar à totalidade.

Por isso, precisamos ter a coragem de olhar no espelho e vermos o nosso maior inimigo – nós mesmos. E, ainda, de olharmos mais fundo e reconhecermos o nosso maior tesouro – NÓS MESMOS. O nosso EU verdadeiro espera, pacientemente, a nossa permissão para vivermos a nossa realidade maior, a condição de filhos de Deus.

# 03
# ESPELHO, ESPELHO MEU!

*É preciso amor pra poder pulsar. É preciso paz pra poder sorrir. É preciso a chuva para florir. Penso que cumprir a vida seja simplesmente compreender a marcha e ir tocando em frente. Como um velho boiadeiro levando a boiada eu vou tocando os dias, pela longa estrada, eu vou, estrada eu sou...*

**Almir Sater**

"Espelho, espelho meu, existe alguém mais bonita do que eu"? Quem não se lembra da questão proposta pela madrasta de Branca de Neve ao espelho, no conhecido conto de fadas dos irmãos Grimm, que povoa o mundo fantástico dos símbolos e ensinamentos não somente da infância, mas oferece profundo retrato do comportamento humano e seus arquétipos.

A pergunta feita pela personagem, que ficou conhecida como Rainha Má, demonstra que ela possuía excessiva preocupação com a imagem projetada, mais até do que com suas qualidades intrínsecas. Em face da resposta do espelho diferente da que esperava, pois que a jovem Branca de Neve já a superava em beleza, e na tentativa de se manter a mais bela, mostrou-se capaz de ir até às últimas consequências.

Será que nós também não vivemos momentos de Rainha Má?

De certa forma, é comum observar que aquilo que o psiquiatra suíço Carl Gustav Jung definiu como *per-*

*sona,* e que revela a imagem que projetamos em nossas relações, ocupa espaço significativo na psique humana, pois nem sempre o estado vivido e sentido internamente é o que se expressa. Isso ocorre porquanto, na tentativa de se adaptar à coletividade, e normalmente trazendo consigo o medo de não ser aceito como se é, os indivíduos tendem a adaptar seu comportamento ao que é esperado dentro de cada contexto.

A *persona* vai se formando desde a infância, quando mesmo inconscientemente a criança percebe as características aceitas e rejeitadas pelos familiares, do mesmo modo pela sociedade que a cerca, e passa a escolher a forma "certa" de se comportar dependendo do ambiente no qual se encontre. Quanto mais o meio dificultar a manifestação das reais características do indivíduo, mais irá estimular a construção de máscaras. Por si só a *persona* não é um mal, pois, como vimos, determinadas circunstâncias pedem o comportamento dentro de certas normas e padrões, ainda que não explícitas, para que as relações sociais possam acontecer de forma harmônica.

O problema ocorre quando nos aprisionamos a certas imagens da *persona*, especialmente quando essas se mostram em oposição às verdadeiras características da personalidade. E pode ocorrer a tentação de se agarrar de qualquer forma à imagem projetada, seja porque ela nos traz ganhos ou porque nos sentimos mais seguros, o que fortalece ainda mais aquilo que rejeitamos em nós mesmos e tentamos esconder, que por sua vez compõe a sombra. A sombra, da mesma forma, é um arquétipo, que funciona em oposição à *persona*: se na *persona* encontramos as características que desejamos realçar para os outros, na sombra mantemos aquilo que desejamos esconder.

E na tentativa de se manter "a mais bela", a Rainha Má mostra seu lado mais sombrio. Inicialmente, mandando matar Branca de Neve, pois ela representava uma ameaça ao seu posto. Pelo plano malsucedido, transforma-se em uma velha bruxa, oferecendo a maçã envenenada à enteada, que se encontrava na casa dos Sete Anões. Os anões simbolizam os diversos comportamentos humanos, com seus conflitos e possibilidades.

O lado não aceito e mais vil da Rainha Má vem à tona, demonstrando o risco de tudo aquilo que se tenta esconder, e que ganha força até revelar o verdadeiro caráter do ser. A intenção de manter o posto de "mais bela" era apenas uma fachada para esconder a sombra. Considerando Branca de Neve e a Rainha Má as faces internas do ser, é como se a tentativa de esconder o lado "mau e negativo" se transformasse em impedimento para o desenvolvimento do lado "positivo e nobre".

Do mesmo modo que o *self*, o arquétipo da totalidade da personalidade nos impulsiona ao autodescobrimento, esse encontro entre o lado luminoso, representado por Branca de Neve, e o lado denso e sombrio, ocupado por sua madrasta, é inevitável. Após comer a maçã envenenada, que a adormece em vez de matar, Branca de Neve é despertada pelo beijo do Príncipe, para que a partir desse momento consiga ocupar o trono que lhe era de direito.

A maçã é retratada tal qual o fruto da árvore do conhecimento, desde o "Pecado Original". Temos de provar do nosso próprio veneno, ter a coragem de mergulhar profundamente no inconsciente, berço de nossas dores e feridas, mas também de nossos tesouros. Somente um mergulho profundo, semelhante a uma espécie de morte, pode proporcionar o despertar.

A narrativa chega ao ápice quando a força do amor se manifesta, retratada no beijo do Príncipe. Não se trata do ideal romântico de encontrar o outro, belo e imaginado, mas de encontrar consigo mesmo, despertar para as questões da vida e enfrentá-las com coragem. É pelo autoamor que nos tornamos inteiros para nos relacionar com o próximo e com a vida. Não há a possibilidade de encontro sem autoencontro.

Por tudo isso, em vez de perguntar ao espelho se somos "a mais bela" imagem projetada, será mais válido nos ocuparmos na construção da beleza interior, que por ser única não pode ser ameaçada por ninguém. Quando compreendermos isso, não entraremos mais em litígio com o espelho, pois cientes do que somos, não veremos os outros na condição de ameaça.

"Espelho, espelho meu..." O que falta conhecer de mim mesmo?

# 04 OS COMPLEXOS

*Quando a gente tenta, de toda
maneira, dele se guardar.
Sentimento ilhado, morto e
amordaçado, volta a incomodar.*

**Clodomir e Clésio (Fagner)**

Você se considera uma pessoa complexada?

A resposta afirmativa a essa questão, segundo o pensamento de Carl Gustav Jung, por si só não deve ser motivo de preocupação. É que os complexos, na condição de "agrupamentos de conteúdos psíquicos carregados de emoções",[12] são parte importante e natural do mundo psíquico. A psique registra todas as nossas vivências, e as emoções são o "colorido e o tempero" dessas experiências. Essa junção forma os complexos, que ganham força e intensidade a partir do conteúdo emocional que se associa.

Mas, se possuir complexos é algo natural, onde se encontra o problema?

Quando as experiências emocionais foram positivas e saudáveis, não há problema algum, e os complexos estarão em harmonia com a consciência. O problema começa a surgir quando as emoções vivenciadas

---

[12] JUNG, Carl Gustav. *A natureza da psique*. Editora Vozes.

foram interpretadas de forma negativa pelo *ego*, que tende a rejeitá-las, negá-las e suprimi-las.

Considerando que essas forças não deixam de existir pela vontade do *ego*, sempre que alguma ocorrência nos leve à recordação do evento desagradável, mesmo que de forma inconsciente, os complexos "constelam", ou seja, a carga emocional que compõe e alimenta o complexo invade a consciência, levando-nos aos atos falhos, gafes, lapsos, atitudes impulsivas etc. Nesse instante, diria Jung, não somos nós que possuímos complexos, mas eles que nos possuem.

Imaginemos que alguém passe pela rua e se depare com a seguinte propaganda: "Dia dos pais – oferecemos um desconto especial". Caso a experiência paterna dessa pessoa seja negativa, coroada de lembranças de abandono, castração ou violência sofrida, esse evento comum do dia a dia poderá ser o suficiente para ativar a força do complexo e modificar o seu estado emocional, sem que necessariamente o indivíduo se dê conta.

Outros fatos corriqueiros tais quais escutar uma música que nos leve ao passado, sentir um aroma peculiar da infância, dentre outros, podem ser os gatilhos emocionais para ativação dos complexos. Imaginemos alguém que, ao sentir o cheiro de café, é levado a lembranças queridas com a avó, e sem saber por que começa a se sentir invadido pela relação de afeto. Está tomado pelo complexo, mas nesse caso, positivamente. A seguir listamos alguns dos principais complexos:

## PRINCIPAIS COMPLEXOS

Não há número definido de complexos, pois eles serão tão numerosos quanto as nossas experiências humanas, mas, para efeito didático, podemos citar alguns que se apresentam com frequência:

## 1. COMPLEXO MATERNO

Inicialmente, Freud utilizou-se do mito de Édipo para retratar um dos aspectos do complexo materno, que é a fixação do filho pela mãe, a ponto de se apaixonar por ela. Certamente, a relação materna possui vivências expressivas, a nos acompanhar desde a gestação, isso sem considerar o nosso passado espiritual.

Nesse ponto, Joanna de Ângelis expande a análise freudiana, considerando que no complexo edipiano "...detectamos uma herança reencarnacionista, tendo em vista que a mãe e o filho apaixonados de hoje, foram marido e mulher de antes, em cujo relacionamento naufragaram desastradamente."[13]

Jung aprofundou o olhar sobre outros aspectos relacionados ao complexo materno, que além de estar ligado ao relacionamento mãe/filha(o), está conectado às questões afetivas, de aceitação, identidade, vínculo com a vida, com a natureza, com a estética e com as pessoas. Sendo assim, as emoções não trabalhadas

---

[13] FRANCO, Divaldo P. Pelo Espírito Joanna de Ângelis. *Vida*: desafios e soluções. Leal Editora.

desse complexo podem produzir os seguintes efeitos, dentre outros:

- Dificuldade em lidar com o instinto materno ou supervalorização desse aspecto.
- Dependência, insegurança e sentimento de impotência para enfrentar o mundo e construir uma vida autônoma, mantendo-se sempre no papel de filha(o).
- Exacerbação ou repressão da sexualidade.
- Dificuldade em estabelecer uma relação saudável com a *Anima* – imagem feminina no homem – ou com o próprio feminino – no caso da mulher.

## 2. COMPLEXO PATERNO

Além das relações com o pai, esse complexo inclui as questões ligadas ao poder, à disciplina, à lei, à ordem, ao trabalho e ao enfrentamento do mundo. O papel psíquico do paterno é estabelecer o corte dos vínculos de dependência, preparando os filhos para ganhar autonomia e enfrentar o mundo.

Quando essa transição não é feita adequadamente, motivada por vivências traumáticas ou por negligência, o complexo paterno vai sendo estruturado de forma negativa. Verificamos isso nos relatos de pessoas que infringiram a lei, muitos dos quais abandonados pelo pai ou com experiência paterna negativa, sendo um dos fatores determinantes para que desafiassem a lei e a ordem. Certamente, nem todo indivíduo que passa pela experiência paterna negativa responde dessa mesma forma.

Mas, é importante frisar que uma relação negativa ou sombria com o pai pode gerar um impacto significativo na personalidade dos filhos, por exemplo:

— Filhos e filhas tendem a idealizar a imagem do pai, feito um herói. Por conta disso, um pai destrutivo pode comprometer essa idealização, o que pode levar seus filhos e filhas a buscar em outras relações essa figura idealizada, quase sempre mantendo certo sentimento de frustração ou raiva por não terem sido atendidos, podendo passar boa parte da vida adulta totalmente imaturos e com muita dificuldade com figuras de autoridade, até que se pacifiquem com o humano por trás da figura de herói que era esperada.

— A sombra do pai, ou seja, os aspectos não trabalhados em sua personalidade, pode ser entendida pelos filhos como uma liberação para realizarem suas iniquidades, pois podem acreditar que ser como seu pai é necessário à sua sobrevivência. Aqui o grande perigo é que pode existir compreensão e conexão sombria entre pai e filho.

— Particularmente, relativo às filhas, pode acontecer de buscar em suas relações com o sexo oposto a realização e atendimento de sua relação paterna, gerando o risco de repetir a relação vivida pelos pais.

## 3. COMPLEXOS DE INFERIORIDADE E SUPERIORIDADE

Algumas pessoas sentem-se tomadas pela sensação de desvalor e baixa autoestima, considerando que nada que façam dará certo, pois não se consideram merecedoras ou competentes. Muitas vezes esses complexos são construídos no ambiente familiar, pela crítica sistemática e desvalorização durante o processo de aprendizagem. O *ego* fragiliza-se, e a pessoa passa a se sentir incapaz de maiores enfrentamentos, pois constantemente é constelado o complexo de inferioridade.

Por outro lado, alguns acreditam-se superiores aos outros e cobram sempre atenção especial, às vezes, até mesmo impondo seus caprichos, sem se darem conta de que estão à mercê do complexo de superioridade, que torna distorcida a forma de ver a vida e de se relacionar com os outros. O complexo de superioridade é, igualmente, efeito da aprendizagem, nesse caso destituída de limites, cercada de mimos e vontades excessivas, a prejudicar a estruturação da personalidade de uma forma saudável.

\*\*\*

Seguramente, as experiências de outras vidas somam-se às atuais, interferindo na carga emocional dos complexos. E quanto maior for a reação emocional perante os desafios naturais da vida, maior será a força dos complexos. Assim ocorre com as questões parentais, sexuais, de poder e de inúmeros complexos que habitam o mundo psíquico, e que se tornam conflitivos ao trazem à tona situações mal resolvidas.

Quando optamos por ignorar a existência dos complexos, "esses conflitos que permaneciam adormecidos assumem o comando da personalidade, produzindo dificuldade no paciente para conseguir um edificante relacionamento entre o *ego* e o *self*", observa Joanna de Ângelis.[14]

Qual será, então, a forma de os superar?

Em primeiro lugar é fundamental conhecê-los, como passo essencial para transformá-los, caso os efeitos do complexo sejam negativos. Por isso, é importante estar atento aos estados emocionais que nos perturbam e tentar identificar as situações que nos conduzem a eles.

Ao conseguirmos estabelecer a associação dos eventos que nos causam certa perturbação, chegaremos à raiz do complexo. O constante exercício de auto-observação, de atenção ao nosso comportamento e aos excessos praticados também são bons aliados para identificação dos complexos.

A partir disso, temos pela frente o trabalho de diluir a intensidade emocional que nos aflige. Uma das formas é rever a nossa história. Identificar e expressar emoções que ficaram contidas, muitas vezes transformadas em ressentimentos. Nos ensina Joanna de Ângelis que "...o grande desafio da existência humana está na capacidade de explorar esse mundo desconhecido, dele retirando todos os potenciais que possam produzir felicidade e autorrealização."[15]

---

14 FRANCO, Divaldo P. Pelo Espírito Joanna de Ângelis. *Encontro com a paz e a saúde*. Leal Editora.

15 Idem. *Vida*: desafios e soluções. Leal Editora.

E quando as vivências forem muito dolorosas e de difícil aceitação, o olhar espiritual da vida nos permitirá ampliar as lentes normalmente limitadas do *ego*. Não negamos que certas vivências são intensas, porém jamais devemos nos considerar vítimas da vida, uma vez que ela nos traz de retorno o resultado de nossas próprias ações.

Devemos constantemente reelaborar e ressignificar nossas experiências traumáticas, pois é assim que elas perdem sua intensidade negativa. É certo que não podemos modificar o passado, na forma objetiva dos fatos, mas o nosso olhar sobre ele pode ser transformado, conferindo novo colorido, nova tonalidade emocional, que possibilite a convivência saudável com os nossos complexos, de modo que sejamos nós a administrá-los, não eles a comandar a nossa personalidade.

# 05 — O EGO E OS MECANISMOS DE DEFESA

*O que eu não quero ver, me faz refém.*
*Como um capuz, dentro de mim.*
*Onde a cegueira está, em meu olhar.*
*Ou no que eu nunca vou entender.*

Jorge Vercillo

No processo de autoconhecimento precisamos realizar a viagem para dentro, visitar lugares em nossa alma que por muito tempo permaneceram trancados, por conterem emoções e sentimentos difíceis ou dolorosos de ser enfrentados. Para realização desse processo, o *ego* possui um papel importante a realizar, embora seja, às vezes, mal compreendido.

A palavra "ego" significa "Eu" e popularmente responsabilizamos o *ego* sempre que identificamos comportamentos ou atitudes que reprovamos. Equivocadamente, muitos pensam que é necessário destruir o *ego* para evoluir.

Mas, o *ego* é peça importante para o nosso desenvolvimento psicológico, pois só nos tornamos conscientes porque temos *ego*. Ele é o centro da consciência, e todos os conteúdos psíquicos inconscientes podem tornar-se conscientes somente se passarem pelo *ego*.

Dessa forma, ele tem importante função no nosso processo de individuação, o processo de desenvolvimento pleno de nossas potencialidades, o nosso vir a ser, e não existe individuação sem consciência de si. O que aconteceria então se desintegrássemos o *ego*? Toda a ordem de valores que conhecemos e que compõem as nossas atitudes desapareceria, e nada mais poderia acontecer conforme a nossa vontade, perderíamos a capacidade de responder por nossos atos. Deixaríamos de ser responsáveis por nossas atitudes.

Foi Freud quem aprofundou o estudo do *ego*. O nobre psicanalista vienense entendia que o *ego* tinha uma função importantíssima de coordenação entre outras duas instâncias, por ele denominadas *id e superego*. De forma resumida, o *id* seria responsável pelas pulsões instintivas do indivíduo – por exemplo: sexualidade e sobrevivência. Podemos considerá-lo como a parte animal inconsciente do ser governada pelo princípio do prazer. O *Superego* seria um contraponto ao *Id*, no sentido de conter um senso moral. Atuaria feito um juiz, ou censor, que possibilita ao indivíduo sua adaptação à moral e aos costumes, para não ceder totalmente às pulsões do *Id*.

Com novo olhar, Jung apresenta o *ego* como o centro da consciência, que deve estruturar-se para lidar tanto com os desafios externos que a vida apresenta quanto com os conteúdos inconscientes que vão sendo incorporados na vida consciente. Além disso, é o *ego* quem fornece à personalidade a ideia de identidade e continuidade. Só podemos ter consciência de nós mesmos se formos capazes de lembrar o que fizemos ontem e planejar o que faremos amanhã.

Por exemplo, quando as pessoas perguntam: Quem é você? Normalmente se responde com o nome, profissão, lugar de origem, filiação, moradia, estado civil, dentre outros aspectos que se associam a nós. Todas essas associações, assim como a recordação de nossa própria história, ajudam a formar o senso de identidade. Além disso, possuímos uma imagem corporal que se soma a essas características, e tudo isso vai modelando o nosso eu consciente, o *ego*. Mas essas características, muitas delas temporárias, não representam a totalidade de nosso ser, mas sim as partes das quais temos consciência.

Assim sendo, o *ego* não é o mal em si mesmo, possuindo um papel importante na formação da identidade; o problema é quando o *ego* é imaturo, permanecendo preso aos desejos infantis e caindo nas armadilhas do egoísmo. Por isso mesmo, o objetivo não é destruir o *ego*, mas sim nos libertar das atitudes egoístas e egocêntricas que ainda predominam na natureza humana, estas sim, responsáveis por inúmeros conflitos e problemas pessoais, sociais e morais.

Enquanto estivermos sob este domínio encontrar-nos-emos presos às paixões, o que nos manterá na condição de infância psicológica, a retardar o desenvolvimento das infinitas capacidades que jazem em nosso Ser. Como recorda Joanna de Ângelis: "Característica iludível de imaturidade psicológica, do indivíduo, é a sua preocupação em projetar o próprio *ego*. Atormentado pela ausência de valores pessoais, quão inseguro no comportamento, apega-se às atitudes afligentes da autopromoção, passando a viver em contínua inquietação, porque está sempre insatisfeito."[16]

O problema é que o *ego*, por insegurança ou imaturidade, dentre outros conflitos que o aturdem, frequentemente se furta aos desafios naturais da existência, e "ao invés dos enfrentamentos dos problemas com naturalidade, determinadas predisposições emocionais impedem a aceitação das ocorrências mais exaustivas, produzindo um mecanismo automático escapista, mediante o qual parece livrar-se da dificuldade, quando, apenas, a posterga."[17] Esses mecanismos são conhecidos como Mecanismos de Defesa do Ego, ou Mecanismos de Fuga, inicialmente estabelecidos por Freud como Neuropsicoses de defesa, e, posteriormente estudados de forma sistemática por sua filha, Anna Freud.

## MECANISMOS DE DEFESA

São vários os mecanismos de defesa utilizados pelo *ego*, dentre os quais destacamos:

## 1. COMPENSAÇÃO

Por meio desse mecanismo, o *ego* tenta direcionar a maior parte da sua energia e dedicação a algum aspecto que a pessoa julga ser valoroso, na tentativa de desviar atenção das debilidades com as quais não sabe

---

16 FRANCO, Divaldo P. Pelo Espírito Joanna de Ângelis. *O ser consciente*. Leal Editora.

17 FRANCO, Divaldo P. Pelo Espírito Joanna de Ângelis. *Conflitos existenciais*. Leal Editora.

lidar. Para exemplificar, imaginemos alguém que faça uma avaliação negativa de algum aspecto do corpo ou da personalidade: se acha magro demais, gordo demais, feio demais, pouco inteligente etc.

Na tentativa de compensar aquilo que considera ser um defeito em sua personalidade, o *ego* pode buscar proteção, exacerbando algum outro aspecto: pode levar a pessoa a se tornar excessivamente intelectual, desenvolver músculos em excesso, trabalhar compulsivamente, ser um fanático religioso etc. Mas, como nos recorda a própria Joanna,[18] "todo excesso de devotamento a uma causa é a compensação ao medo inconsciente de sustentá-lo."

Em vez da compensação, é importante construir a natural aceitação de si mesmo, sem que isso se transforme em estagnação, convivendo e buscando transformar pelo esforço próprio as qualidades ou aspectos considerados negativos em nós, pois "cada criatura é o que consegue e, como tal, cumpre apresentar-se, aceitar-se, ser aceito, trabalhando pelo crescimento interior mediante catarse, consciente dos conflitos degenerativos."[19]

## 2. DESLOCAMENTO

Em algumas situações adversas não nos sentimos confortáveis em demonstrar as emoções, e pode ocorrer que as desloquemos para algum objeto ou pessoa,

---

18 FRANCO, Divaldo P. Pelo Espírito Joanna de Ângelis. *O ser consciente.* Leal Editora.
19 Idem.

em outro momento, que não necessariamente tenha vinculação com a ocorrência inicial. Citamos de exemplo alguém que, em determinada circunstância, sente vontade de agredir outra pessoa, mas não o podendo fazer, quebra um copo no chão ou transfere o desejo para outro objeto, como é comum verificarmos em cenas de telenovelas.

As lutas ou desportos agressivos são, igualmente, bons exemplos desse mecanismo de defesa, pois por meio desses embates socialmente aceitos muitos deslocam sua ira contida e veem com prazer a fúria em ação, como se ali estivessem se vingando também de todas as circunstâncias em que não puderam expressar sua agressividade.

Ao identificarmos em nosso comportamento o deslocamento, temos o desafio de aprender a lidar e a expressar as emoções. Reconhecendo a destrutividade de que somos capazes, cumpre-nos canalizá-la de forma construtiva, pelo diálogo, pelo reconhecimento da nossa contrariedade e da busca incessante de harmonizar nosso mundo íntimo, a fim de lidar com os embates naturais da existência humana, sem transferir as frustrações para objetos ou outras pessoas.

## 3. PROJEÇÃO

Pela projeção passamos a identificar nos outros características que são difíceis de ser reconhecidas em nós mesmos. Por isso, todo incômodo exagerado que temos com alguma pessoa, ou algum tipo de comportamento inadequado facilmente identificado no outro, normalmente aponta para algum aspecto de nossa personalidade que não conhecemos ou não desejamos ver. Conforme observa Joanna de Ângelis[20] "...há uma necessidade de combater nos outros o que é desagradável em si". Jesus percebeu claramente esse comportamento da criatura humana, quando com sabedoria estabeleceu que deveríamos cuidar da trave em nosso olho, e, não do argueiro do olho do próximo.

Para lidar com a projeção é preciso estar atento aos nossos principais incômodos, às pessoas que conseguem nos tirar do sério ou chamar nossa atenção, tanto negativamente quanto positivamente. A partir disso, podemos analisar como esse aspecto se encontra em nosso comportamento, se o negamos ou o exacerbamos. Quando reconhecemos e passamos a enfrentar os aspectos de nossa própria sombra, fica mais fácil lidar com a sombra do outro, sem a necessidade da projeção.

## 4. INTROJEÇÃO

Na introjeção incorporamos em nosso comportamento algumas características de outras pessoas, seja por admiração ou por insegurança em nossa forma de ser. Ocorre de forma frequente em adolescentes, quando imitam seus ídolos na forma de se vestir, de falar e de se comportar, muito embora seja perceptível

---

[20] FRANCO, Divaldo P. Pelo Espírito Joanna de Ângelis. *O ser consciente.* Leal Editora.

também em outras fases da vida. A autora espiritual[21] aponta para uma grave questão gerada pela utilização desse mecanismo de defesa, quando alerta que: "Na atualidade, ao lado dos inúmeros vícios sociais e dependências dos alcoólicos, tabaco e drogas outras, há, ainda, a dependência das telenovelas, mediante as quais as personagens, especialmente as infelizes, são introjetadas nos telespectadores angustiados."

Se a introjeção é nossa forma de defesa, precisamos identificar o medo e a insegurança que nos levam a nos sentir pouco à vontade para expressar características peculiares de nossa personalidade. A forma de ser do outro é bela nele, mas não nos que a imitam. Reconhecer o próprio valor, mesmo admirando outras pessoas, é recurso terapêutico valioso para construção da autoestima. Fazendo isso, não precisamos mais imitar os modelos transitórios que escolhemos, pois estaremos em paz com nossa própria identidade.

## 5. RACIONALIZAÇÃO

Esse é um mecanismo pelo qual se busca justificar um erro utilizando-se de argumentos racionais, ainda que esses contrariem o senso crítico e a integridade moral. A pessoa tenta proteger-se usando a razão para se defender de suas próprias atitudes equivocadas. Exemplos: furtar algo no trabalho e justificar-se dizendo que o patrão paga um baixo salário; não cumprir a lei e defender-se com o argumento que os

---

21 FRANCO, Divaldo P. Pelo Espírito Joanna de Ângelis. O ser consciente. Leal Editora.

políticos são todos maus. Manter-se em um relacionamento insatisfatório ou abusivo, justificando ter a "missão" de salvar outra pessoa, quando na verdade não deseja enfrentar sua própria insegurança, ou comodidade em outros aspectos ao se manter na relação.

No entanto, "ninguém pode mudar um mal em bem, apenas porque se recusa a aceitar conscientemente esse mal, que lhe cumpre trabalhar para melhor, ao invés de ignorá-lo ou justificá-lo com a racionalização."[22]

Para combater a racionalização, a humildade e a coragem de reconhecer nossos erros, independentemente da atitude dos outros, são valiosos recursos para a personalidade. Nos ensinou o Mestre: "Encontrareis a verdade e a verdade vos libertará".[23] Psicologicamente, podemos dizer que ser verdadeiro consigo mesmo e com os outros é sinal de grande maturidade, pois ao reconhecermos nossos equívocos significa que estaremos aptos a mudar de conduta, sem ter de encontrar artifícios para esconder nossa falta de ética e/ou coragem.

Até certo ponto, a psicologia considera natural o uso desses mecanismos, cujo objetivo é procurar manter o equilíbrio psíquico, afastando da consciência fontes de insegurança, perigo, tensão ou ansiedade. O problema ocorre quando se tornam de utilização constante, pois ao nos afastarem tempo-

---

22 FRANCO, Divaldo P. Pelo Espírito Joanna de Ângelis. *O ser consciente*. Leal Editora.
23 *Evangelho de João* 8: 32.

rariamente de questões importantes das nossas vidas alimentam os sintomas neuróticos, que nos distanciam de nós mesmos.

Por esse motivo, é necessário verificar as formas de fuga que são tão habituais e passar a se utilizar de mecanismos de enfrentamento, como forma de se conhecer mais profundamente e estruturar a personalidade de forma saudável.

E nessa viagem para dentro, a vontade persistente deve ser a lanterna no escuro de nosso ser, para que com as chaves da força moral possamos abrir as portas da verdade que somos, conhecer nossas riquezas e mazelas e nos desassociar da necessidade de mecanismos escapistas que nos escondem dos outros e de nós mesmos. Resta-nos, então, conhecer o desconhecido.

É na nossa escuridão que encontraremos o nosso resto de humanidade, sabedoria, compaixão e compreensão do significado de nossa vida e a nossa conexão com o espírito que somos. Ele, o *ego*, não é o "Senhor da Casa", devendo estar sempre a serviço de uma causa maior; ele é o centro da consciência, mas não é a consciência. Por isso, faz-se necessário, "estruturar-se para adquirir consciência da sua realidade não conflitando com o *self* que o direciona, única maneira de libertar a sombra."[24]

---

[24] FRANCO, Divaldo P. Pelo Espírito Joanna de Ângelis. *Triunfo pessoal*. Leal Editora.

# 06 QUAL A NOSSA VERDADEIRA BUSCA?

*Em busca de encontrar caminho de outro rio, que me leve no rumo do mar. Mas falta amigo, amiga. Meu coração é deserto. Amigo, amiga, me aponte o rumo de encontrar, amigo, amiga ou um rio. E quem sabe um braço de mar.*

Milton Nascimento e Ronaldo Bastos

Após alguns anos em tratamento, "Suzana" finalmente livrou-se de todas as sacolas e embrulhos que acumulou durante anos, exatamente 12 anos. Ela totalizou nada menos que 3.000 sacolas e muitos papéis de presente: "Eram todos muito importantes para mim", dizia ela. Mas, o ponto máximo de seu tratamento foi a descoberta que ela fez: "Eu guardava tudo aquilo na tentativa desesperada de reter o amor das pessoas. Comprei muitos presentes em nome de pessoas que nunca conheci e levava para casa, abria com felicidade e acreditava realmente tê-los recebido."

Apesar dos seus cinco filhos, marido e irmã, Suzana era uma mulher carente de afeto: "Vivo com pessoas mecânicas que se comunicam pelos teclados, é muito frio, não sei onde me perdi de todos eles..."

Para entender o comportamento de Suzana, assim também o de tantas outras pessoas que passam por questões similares, é importante entender a dinâmica da vida moderna, que nos presenteou com um avanço tecnológico inimaginável, e hoje podemos resolver muitas coisas com um clique; isso é ruim? Não necessariamente. O grande problema que enfrentamos e continuaremos a enfrentar se não mudarmos a rota é a mecanização de nossas relações, a robotização do ser.

Como o mundo ficou rápido, muitas coisas que antes fazíamos e desprendíamos energia ao fazer tornaram-se automáticas; o problema é fazermos o mesmo com as relações humanas: isso é ruim! Em nossa pauta diária não temos lugar para as emoções, não queremos sentir, porque ninguém vai "curtir" a minha tristeza, solidão ou qualquer outra emoção que no momento não seja "curtível".

Ao observarmos atentamente o nosso dia a dia, não nos resta dúvida: a celeridade dos acontecimentos é assustadora, e o que é novidade agora em menos de 24 horas já é ultrapassado, e muitas vezes dedicamos atenção somente aos acontecimentos esdrúxulos da mídia, que os elege a partir do que a maioria possa aplaudir ou se chocar, e, não propriamente ao que seja importante.

Joanna de Ângelis, em *O Despertar do Espírito*, chama atenção a que "as questões nobres da existência têm sido substituídas pelas soluções simples apresentadas pelas máquinas devoradoras, que facultam mais tempo a todos, que não obstante, continuam com carência de espaço físico e mental para refazimento e renovação emocional."

Nesse processo, é bom elaborarmos algumas questões para nós mesmos: O que estamos fazendo com as nossas horas livres? Aproveitamos esse tempo para o nosso crescimento pessoal ou esse tempo transformou-se em hora vazia? Será que não estamos perdendo oportunidade importantíssima em nossa atual existência?

Todo o progresso vivido no decorrer da História da humanidade tem por finalidade a nossa evolução, que passa pelo aprimoramento das emoções, pelo desenvolvimento intelecto-moral, autodescobrimento e consequente evolução espiritual, o que nessa ânsia desenfreada termina por ser negligenciado.

Quantos excessos ainda teremos de acumular para encher o nosso vazio de amizades verdadeiras, ombros amigos, olhares de irmãos? Não estamos renunciando a um bem precioso?

Suzana vivia a "solidão acompanhada" dos tempos modernos, sabia mais dos seus filhos pelas redes sociais do que pelas conversas na hora do jantar. Mesmo assim, o vazio que ela escondia tinha origem em lugares muito mais profundos de seu ser. E ela precisava fazer essa caminhada para encontrar suas partes abandonadas. Ela se demorava demais em uma vida que já clamava por significado.

Lao-Tsé (sec. VI a.C.) profetizou essa nossa realidade, quando disse: "Quando as pessoas abandonam sua natureza essencial para seguir seus desejos, suas ações nunca são corretas". Enquanto o *ego* for o carro-chefe, todas as nossas boas intenções estarão contaminadas pelo egoísmo, pelo orgulho e pelo anseio de poder.

Dizemos buscar felicidade, paz, saúde..., mas será que essa busca pode ser compartilhada nas redes sociais? Se continuarmos a buscar fora o que só encontraremos dentro de nós enterraremos o nosso talento, estaremos nos escondendo por trás da tela do nosso computador e/ou celular, dissimulando a nossa verdadeira identidade e, o que é pior, renunciando ao Ser que somos, fingindo ser o que não somos.

E, aproveitando o pensamento de Lao-Tsé, deveríamos nos perguntar sempre:

Qual a minha verdadeira natureza?

Quais são as verdades que regem minha vida?

Quais são os meus verdadeiros valores?

Qual o meu papel na minha vida?

É provável até que estas questões gerem outras mais complexas, e é nessa complexidade que encontraremos uma vida mais rica, recompensadora, uma vida mais profunda e, o que é melhor: a nossa verdadeira vida. Mas, é provável que também descubramos que as respostas são provisórias, e o que devemos almejar de fato é encarar o desafio das próprias perguntas.

O que faríamos se encontrássemos o que buscamos? Poderíamos suportar, poderíamos permanecer nessa condição por muito tempo? Teríamos a coragem, se fosse necessário, de abrir mão do que "estamos" para vivermos plenamente o que buscamos?

Suzana resistiu bastante antes de iniciar suas buscas, pois ainda acreditava haver uma receita pronta com um passo a passo, ou quem sabe um segredo oculto guardado a sete chaves. Mas, ao aceitar o convite para mergulhar em si mesma, contando com a ajuda amorosa do filho, entendeu que algumas reflexões poderiam gerar alívio em toda tensão que ela vivia, e com alguns passos e reflexões começou a florescer.

Embora não exista uma receita pronta para todos os nossos desafios existenciais, alguns passos podem ajudar no enfrentamento, a partir do exemplo de Suzana, que:

Dedicou tempo e energia ao processo de transformação. Toda transformação exige tempo e energia, pois, às vezes, são muitos os condicionamentos negativos, que conduzem a buscas pautadas em valores equivocados. No seu caso, ela começou a perceber que não precisava mostrar aos filhos, por meio das compras, que outras pessoas gostavam dela. Não foi à toa que Santo Agostinho, em *O Livro dos Espíritos*,[25] recomendou uma terapia diária de auto-observação.

Começou a acolher a sombra e entender que seus conteúdos faziam parte dela. É comum o candidato à transformação assustar-se com a própria sombra, desejando que por passe de mágica se desfaçam as densas sombras acumuladas ao longo do tempo. Sombra é conteúdo desconhecido ou negado pelo *ego*; pode ser considerada energia, que se mal utilizada gera des-

---

25 *O livro dos espíritos*, questão 919.

truição, mas bem canalizada torna-se fator impulsionador. Ademais, na sombra existe a nossa luz escondida, aguardando ser descoberta.

Entendeu que não deveria aguardar aplausos e reconhecimentos externos. As pessoas, especialmente as do círculo próximo de relações, normalmente reagem ao nosso movimento de mudança, pois os relacionamentos criam expectativas, condicionamentos e, às vezes, dependência. Ela costumava presentear as pessoas em demasia, para garantir afeto, e com isso terminou atraindo pessoas que usavam de sua carência para conseguir benefícios. Quando ela mudou o comportamento alguns "amigos" sentiram-se decepcionados e se afastaram. Mesmo sofrida inicialmente, ela encarou tudo isso como um bom sinal, pois sua mudança estava sendo positiva, e o afastamento de algumas pessoas demonstrava que a relação construída não era de verdadeiro afeto. Portanto, aguardar reconhecimento externo é sinal de que ainda estamos inseguros em nossa jornada.

O propósito valeu todo o esforço. Perante as frustrações e desânimo, considerar que qualquer esforço vale a pena para descobrirmos o sentido de nossas vidas. As frustrações são parte do caminho do *ego* que busca amadurecimento. E afinal, será que existe algo mais valioso que a nossa divina natureza, entranhada no mundo inconsciente e necessitando vir à luz?

Após muito sofrer, Suzana encontra-se em profunda jornada de autodescobrimento, revertendo a escala de valores e descobrindo o verdadeiro tesouro existente em seu mundo íntimo, e que ficou guardado e esquecido por uma longa temporada. "Hoje me sinto entusiasmada, com nova energia, mas sei que há um longo caminho a percorrer", diz ela. "Não preciso mais guardar sacolas e outras coisas, pois já descobri onde está o meu verdadeiro valor."

E tal qual a história de vida de Suzana, é possível que estejamos buscando fora o que poderemos encontrar somente dentro de nós.

Por isso é que, ao nos estimular à busca interna, a psicologia de Joanna de Ângelis nos ensina, em *O Homem Integral*: "O homem possui admiráveis recursos interiores não explorados, que lhe dormem em potencial, aguardando o desenvolvimento. A sua conquista faculta-lhe o autodescobrimento, o encontro com a sua realidade legítima e, por efeito, com as suas aspirações reais, aquelas que se convertem em suporte de resistência para a vida, equipando-o com os bens inesgotáveis do espírito."

Essa deve ser a nossa verdadeira busca!

# 07 A EVOLUÇÃO DA CONSCIÊNCIA

*O homem pode ser desculpado por sentir orgulho de ter atingido o ápice da escala orgânica, embora não por esforço próprio; e o fato de ter galgado essa escala, em vez de ter sido originariamente posto na posição que ocupa, pode lhe dar esperanças de um destino ainda mais elevado no futuro distante.*

Charles Darwin

A conquista da consciência é um processo lento e gradual, por meio do qual somos impulsionados pelas forças da natureza, e às quais devem aliar-se a vontade e a determinação pessoal, a partir do ponto em que podemos despertar para a vida. Adquirir consciência, conforme esclarece Joanna de Ângelis,[26] "é despertar para o equacionamento das próprias incógnitas, com o consequente compreender das responsabilidades que a si mesmo dizem respeito."

Para a efetivação dessa conquista, a natureza não mede esforços, trabalhando durante eras para termos à disposição os implementos necessários à evolução. Avaliando o cérebro humano, por exemplo, constata-se que ele foi sendo trabalhado durante variadas e longas etapas, até atingir a condição atual. De acordo com os estudos apresentados pelo neurocientista nor-

---

[26] FRANCO, Divaldo P. Pelo Espírito Joanna de Ângelis. *Autodescobrimento*: uma busca interior. Leal Editora.

te-americano Paul Maclean,[27] sua estrutura estaria dividida em três partes, razão pela qual denominou "Cérebro Trino" ou Triúno. E em cada etapa nova camada foi se sobrepondo à outra, possibilitando maior riqueza de percepção e expressão do ambiente externo, do mesmo modo a compreensão de si mesmo, a partir do humano.

Analisando as descobertas de Maclean, Joanna de Ângelis[28] ressalta a importância de cada uma dessas etapas, através das quais o cérebro foi sendo composto de camadas que se sobrepõem, quais sejam:

## 1. CÉREBRO RÉPTIL

Seria a primeira camada do cérebro, "...responsável pelo comportamento agressivo – herança do primarismo animal – os rituais existenciais, a noção de espaço territorial, a formação do grupo social e sua hierarquia, estando presente nos primeiros répteis. (Apareceu há cerca de 4 bilhões de anos)". Essa etapa da evolução humana possibilitou a fixação no cérebro dos automatismos necessários à preservação da vida. Sempre que estamos diante de um perigo iminente e nossa vida corre risco, acessamos, sem ao menos percebermos, nosso cérebro reptiliano. Há algum tempo foi noticiado o caso de um garoto de 12 anos, que estando numa floresta encontrou um alce em fúria e se

---

27 *The triune brain in evolution*: role in paleocerebral functions.
28 FRANCO, Divaldo P. Pelo Espírito Joanna de Ângelis. *Triunfo pessoal*. Leal Editora.

fingiu de morto – um determinante para sua salvação. Essa atitude, de "luta, fuga ou paralisia", é uma típica resposta do nosso cérebro reptiliano.

## 2. CÉREBRO MAMÍFERO

Superpondo o Cérebro Reptiliano, encontramos o chamado "Cérebro Límbico", dos Mamíferos ou Cérebro Emocional, que responde "por grande parte das emoções humanas, quais a área da afetividade, dos relacionamentos, do sentimento de compaixão e de piedade, da manutenção do grupo social e da organização gregária. (Apareceu há não mais que 150 milhões de anos)."

Nessa etapa, a formação e desenvolvimento da estrutura emocional se estabelece como germe dos futuros sentimentos. Em muitos dos mamíferos observamos convivência em grupo muito bem consolidada, e em algumas oportunidades apresentam emoções que muitas vezes se assemelham aos mais nobres sentimentos humanos. De forma poética, Joanna de Ângelis apresenta a importância dessa etapa do desenvolvimento, quando diz que a fera que hoje lambe sua cria será amanhã a mãe que embala amorosamente o filho em seu seio.

## 3. CÉREBRO RACIONAL OU NEOCÓRTEX

É o "encarregado das funções nobres do ser, como a inteligência, o raciocínio, o discernimento, a linguagem, a percepção de tudo quanto ocorre à volta, da administração da visão. Esse último resulta da conquista da evolução há apenas algumas dezenas de milhões de anos."[29] A partir do estabelecimento do neocórtex, a consciência de si torna-se possível, abrindo campo à intuição, à mediunidade e a outras expressões do espírito, preparando para os altos voos do conhecimento e da sabedoria.

Importante verificar que André Luiz[30] já apontava, antes mesmo dos estudos de MacLean, uma visão tríplice do cérebro, recorrendo à metáfora: uma casa de três andares: "...num deles moram o hábito e o automatismo; no outro residem o esforço e a vontade; e no último o ideal e a meta superior a ser alcançada. Distribuímos, desse modo, nos três andares, o subconsciente, o consciente e o superconsciente. Como vemos, possuímos, em nós mesmos, o passado, o presente e o futuro."

Em sentido prático, imaginemos a seguinte situação. Uma pessoa leva uma fechada no trânsito e é tomada de raiva intensa. Movida por seu "cérebro reptiliano", a sensação de ameaça ou perigo pode gerar uma reação agressiva ou de medo exagerado.

No entanto, as experiências emocionais registradas (cérebro mamífero), assim como a capacidade de refletir sobre a situação (neocórtex) interagem, auxiliando

---

29 ROBERTSON, Robin. *Guia prático de psicologia junguiana*. Cultrix.
30 XAVIER, Francisco Cândido. Pelo Espírito André Luiz. *No mundo maior*. FEB.

o indivíduo a refletir nas consequências de seus atos, evitando atitudes impulsivas. Por isso, a importância do desenvolvimento da moralidade do ser, que o auxiliará a fazer escolhas pautadas na ética e na razão.

A orientação terapêutica de "respirar e contar até dez" faz muito sentido quando entendemos a dinâmica dos mecanismos cerebrais, pois é como se déssemos tempo para que a ação do Neocórtex fizesse uma avaliação melhor da situação, de modo que as respostas não sejam dominadas somente pelos impulsos automáticos.

À vista disso, além de entender os mecanismos de evolução do cérebro, é importante conhecer as etapas de desenvolvimento da consciência. O aprimoramento dos implementos físicos não significa que a etapa final da conquista da consciência esteja realizada. O desenvolvimento cerebral está atrelado à necessidade evolutiva do espírito, que necessita desenvolver a consciência através de implementos físicos adequados a fim de se aprimorar. Imersos no sono – aqui no sentido figurado para representar a percepção limitada em relação à vida – passamos por etapas e desafios visando à conquista do saber e da plenitude.

## NÍVEIS DE CONSCIÊNCIA

Estudando a trajetória da consciência humana e do seu desenvolvimento, diversos expoentes da Psicologia Transpessoal, tais quais Stanislav Grof, Gurdjieff, Ouspensky, dentre outros, estabelecem que os seres humanos transitam na Terra em variados níveis de consciência, sintetizados pelo bioquímico Robert De Ropp em cinco estágios, conforme a seguir:

## 1. CONSCIÊNCIA DE SONO SEM SONHOS

Nesse estágio vive-se basicamente para cumprir os fenômenos fisiológicos: comer, dormir, reproduzir-se e atender aos prazeres sensoriais vinculados ao *ego*. Na análise psicológica de Joanna de Ângelis,[31] nesta fase "...apenas os fenômenos orgânicos automáticos se exteriorizam, assim mesmo sem o conhecimento da consciência". Simbolicamente, é como se o ser vivesse apenas "da cintura para baixo", sem perceber que a vida tem um sentido muito mais profundo do que as sensações podem captar.

Mas, por mais que teimemos em permanecer na inconsciência e no estado de sono, as dores, frustrações, a própria natureza e o impulso interno do *self* nos impulsionam ao alcance de novos patamares de consciência.

## 2. CONSCIÊNCIA DE SONO COM SONHOS

Nesse nível de consciência a elaboração onírica intensifica-se, demonstrando maior diálogo entre consciente e inconsciente, proporcionando a liberação de inúmeros clichês. Ainda há preponderância dos dese-

---

31 FRANCO, Divaldo P. Pelo Espírito Joanna de Ângelis. *O ser consciente*.

jos e pulsões controlando as ações do indivíduo, embora um suave despertar.

Atingindo-se esse patamar, "...têm início os fenômenos morais de sentido ético do comportamento, assinalando o bem e o mal, no entendimento da vida, embora acompanhados de justificativas para o erro". A ampliação da consciência, se de um lado favorece o discernimento, por outro intensifica ainda mais a culpa, que aponta quando são transgredidas as divinas leis, impressas em nosso psiquismo.[32]

Os próprios conflitos e frustrações vividos impelem à reflexão sobre a vida e o seu significado, promovendo a libertação do estado de sono.

## 3. CONSCIÊNCIA DE SONO ACORDADO

A partir desse nível torna-se inadiável a participação da "determinação pessoal, aliada à vontade", que "conduz o ser aos ideais de enobrecimento, à descoberta da finalidade da sua existência, às aspirações do que lhe é essencial."[33]

Modifica-se a ótica da autorrealização, normalmente vinculada aos objetivos externos, para a autoconquista. Nesse nível ainda ocorrem e existem muitas conquistas por fazer, mas a capacidade reflexiva torna-se mais profunda. O ser "desperto" não mais se entrega à vitimização, pois sabe que é responsável por suas escolhas, e que tudo que a vida lhe apresenta

---

32 Vide questão 621 de O livro dos espíritos.
33 FRANCO, Divaldo P. Pelo Espírito Joanna de Ângelis. O ser consciente.

é resultado de suas próprias ações e necessidades evolutivas. Não mais culpa quem quer que seja pelo que sente ou vive, pois sabe ser capaz de superar quaisquer injunções que se apresentem, e as percebe úteis para o seu aprimoramento.

O ser desperto – acordado – relaciona-se com a religião de maneira mais profunda, uma vez que não mais aguarda instâncias que o "salvem", promovendo a sua própria "salvação" pelas atitudes conscientes perante a existência.

À medida que amadurece as reflexões em torno desses postulados, avança para a próxima etapa.

## 4. TRANSCENDÊNCIA DO EU

É o momento da autoconquista. Deixando de ser conduzido pelos objetivos egoicos, o *self* nos direciona de forma harmônica. Nas palavras de Joanna de Ângelis, é o momento da "...descoberta da transcendência do eu, a identificação consigo mesmo, com a consequente liberação do eu profundo, realizando a harmonia íntima com os ideais superiores, seu real objetivo psicológico existencial."[34]

Quantos homens e mulheres entregaram suas vidas – a vida do *ego* – por ideais que vieram a beneficiar toda a humanidade? Dentre vários exemplos dignos recordamos Gandhi, que abdicando dos honorários rentáveis que a advocacia poderia lhe proporcionar,

---

34 FRANCO, Divaldo P. Pelo Espírito Joanna de Ângelis. *O ser consciente*.

resolveu advogar por uma causa maior, muito além do *ego*. Suportou prisões, greves de fome e todo tipo de violência, e sem pegar em armas conseguiu promover um dos maiores exemplos de libertação de uma nação de que se tem notícia. Demonstrou que, além do *ego*, existem forças poderosas a mobilizar toda uma massa humana.

Esse nível de consciência é, ademais, muito bem representado pela vivência e pelas palavras de Paulo de Tarso, que tendo vencido a sua própria sombra – Saulo – declara: "Já não sou eu quem vive, mas Cristo que vive em mim".[35] Alcançado esse patamar, a união com a consciência cósmica apresenta-se como desafio.

## 5. CONSCIÊNCIA CÓSMICA

Nesse nível o ser atinge a perfeita identificação com a consciência cósmica, com os ideais superiores da vida, da qual Jesus é o exemplo perfeito. Disse o Mestre (João 10:30) "Eu e o Pai somos Um", o que não significa que Jesus era Deus, como equivocadamente interpretaram algumas tradições religiosas. A sua consciência vincula-se à consciência cósmica, por já haver cumprido todas as etapas evolutivas.

Nessa lógica a teoria não consegue traduzir em palavras o que é necessário realizar pela experiência pessoal e intransferível. E avaliando essa longa traje-

---
35 *Gálatas* 2:20.

tória da Evolução da Consciência, não será tão importante descobrir em qual estágio nos encontramos, mas prosseguir no processo de autoconhecimento, de forma ética e consciente, avançando a cada dia a partir das inúmeras possibilidades que dispomos, até que finalmente possamos nos tornar unos com o Pai, conforme a proposta de Jesus.

# 08
## QUAL A FINALIDADE DA VIDA?

*A arte de sorrir, cada vez que o mundo diz não. E eu desejo amar todos que eu cruzar pelo meu caminho. Como sou feliz, eu quero ver feliz quem andar comigo, vem...*

**Guilherme Arantes e Jon Marcus Lucien**

Enquanto a maioria das pessoas considera prioritária a conquista da felicidade, Carl Gustav Jung asseverou que a finalidade da vida é a busca do significado, do seu sentido psicológico profundo.

O que podemos chamar de felicidade, atualmente?

Na ânsia das conquistas nos afastamos cada vez mais da profundidade da existência, não temos tempo para a família, amigos, menos ainda para silenciarmos e entrarmos em contato com o espírito que somos. Como ensinava na antiga Grécia o filósofo Sócrates: "Uma vida sem o exame não é digna de ser vivida."

Não raro nos questionamos sobre a finalidade do sofrimento, da dor e de todos os desafios que enfrentamos, mas sem o autoexame consciente não encontraremos as respostas que buscamos, pois é na história escrita por cada um de nós, na vida presente e no decorrer de nossas experiências pretéritas que encontramos as escolhas, os feitos e não feitos, os ditos e não ditos que foram se acumulando no sótão de nosso ser.

Nesse ponto onde nos encontramos precisamos escolher: Somos protagonistas da nossa história ou meros espectadores passivos?

Talvez, o grande problema seja exatamente o fato de querermos encontrar respostas onde elas nunca estiveram. Quantas vezes esperamos que alguém por algum milagre saiba exatamente o que é melhor para nós? Que encontremos um livro mágico onde todas as respostas caiam em nosso colo, ou ainda, um guru, médium, adivinho que possa garantir que nossos passos e escolhas estão fadadas ao sucesso.

Se já possuímos consciência do espírito que somos, sabemos que somos herdeiros de nossos atos, e, se queremos uma vida melhor precisamos vencer nossa preguiça existencial e enfrentar os desafios apresentados pela vida. Para isso, não precisaremos ir muito longe, mas sim para dentro de nós mesmos. Agora, se ainda esperamos que a vida nos apresente uma resposta para os nossos problemas, acreditando que as circunstâncias são injustas e que somos vítimas da vida, provavelmente temos muito a aprender.

Joanna de Ângelis[36] afirma: "O sentido, o significado existencial, entretanto, caracteriza-se pela busca interna, pela transformação moral e intelectual do indivíduo ante a vida, pelo aproveitamento do tempo na identificação do *self* com o *ego*". Não existe busca externa capaz de transformar o ser interiormente; o ser que nascemos para ser necessita da moralidade, da ética e dos verdadeiros valores para se desenvolver.

---

[36] FRANCO, Divaldo P. Pelo Espírito Joanna de Ângelis. *Psicologia da gratidão*. Leal Editora.

Urge o tempo! Não é cabível encontrar justificativas na preguiça, na acomodação, nas desculpas, pois já temos ciência dos que nos pode libertar. Porém, podemos seguir ou não o que a própria consciência nos aponta, visto que somos seres livres dotados de capacidade de escolhas.

Se ainda permitimos o domínio do egoísmo em nossas vidas é porque ainda não reconhecemos a sombra que nos domina, e, ainda desperdiçamos o nosso tempo no atendimento às questões diminutas do mundo material, em detrimento do enriquecimento de nossas almas. O *ego* precisa reconhecer que o *self* é o dono da casa, o espírito é imortal, e tudo o que fizermos para o nosso aperfeiçoamento nos levará ao encontro da finalidade existencial, pois como assevera Joanna de Ângelis: "Quando a busca é de sentido, a pessoa não se detém para avaliar o resultado das conquistas imediatas, porque não cessa o significado das experiências vivenciadas e por experienciar."[37]

A partir dessas reflexões podemos questionar: Qual o seu objetivo na vida?

Essa é a pergunta chave dessa nossa reflexão. E a resposta só poderá ser encontrada fazendo um mergulho em si, tendo a coragem de se olhar profundamente, com sinceridade e honestidade. A pergunta não é: Como podemos fazer? A verdadeira questão é: Estou comprometida(o) comigo até o mais profundo do meu ser?

---

37 FRANCO, Divaldo P. Pelo Espírito Joanna de Ângelis. *Psicologia da gratidão*. Leal Editora.

Quando algumas pessoas questionam o porquê de não mudarmos, a resposta é mais simples que pensamos: Não mudamos porque não queremos mudar. Parece absurdo? Mas, se não reconhecermos que algo em nós precisa de reparos e que somos autoras e autores das questões de nossa vida, passaremos toda a nossa existência tentando corrigir o nosso erro nas outras pessoas, e ainda culpando o mundo por não sermos felizes.

Quando "Mônica" teve seu primeiro surto e começou a ouvir sons de tambor e ver palavras aleatórias aparecendo para ela, tudo o que queria era tomar algo que freasse aquele horror. E isso pareceu acontecer inicialmente, pois quando ela buscou ajuda médica e tomou a medicação indicada, no outro dia tudo parecia normal como antes. Mas seu médico, muito experiente, alertou Mônica da necessidade de fazer um acompanhamento terapêutico, pois sabia de toda a pressão que ela vivia no trabalho, a partir da constituição de uma nova sociedade, assim também em casa com a chegada de sua mãe para morar em seu lar.

Mônica era uma jovem mãe, dona de um restaurante, que fez sucesso muito rápido, e era casada com um Chef Italiano que não suportou o convívio com a sogra difícil, voltando para a Itália, mesmo mantendo o casamento. Essa era a vida de Mônica quando os tambores começaram a tocar.

Uma semana após a visita ao médico, Mônica falava com o marido à noite quando ouviu um barulho estranho na cozinha; levantou e constatou que nada estava acontecendo, mas toda vez que fazia o movimento de retorno ao quarto o barulho voltava. Apavorada, chamou pela mãe, que argumentou mais uma vez que estava querendo chamar atenção e depois entrava em pânico. Duas desesperadas, era assim que Mônica descrevia. Nesta noite e, em muitas outras depois, Mônica não dormiu, e tomada de pavor resolveu buscar ajuda médica e espiritual.

Falou com seu médico, que manteve as medicações e novamente alertou a necessidade do trabalho terapêutico. Ainda insegura quanto à necessidade da terapia, foi até uma Casa Espírita, que também aconselhou Mônica a buscar ajuda terapêutica necessária. Ela agora não tinha como evitar o contato com tudo o que sempre soube existir. Agora era hora de saber o que a sua alma desejava. Mônica precisava tornar-se consciente dos conteúdos que subiam do seu inconsciente.

Para Jung,[38] "a tarefa do homem é (...) tornar-se consciente dos conteúdos que sobem do inconsciente. Ele não deve persistir em sua inconsciência nem permanecer identificado com os elementos inconscientes do seu ser, fugindo assim do seu destino que é criar uma consciência cada vez maior."

Consciência essa que consiste em revelar em nós um aspecto de Deus até o momento oculto, pois o melhor de nós ainda é inconsciente. O trabalho de autoiluminação nos levará ao encontro com Deus, e assim como Paulo poderemos viver a real experiência

---

38 JUNG, Carl Gustav. *Sonhos, memórias, reflexões.*

do significado, pois já *não mais seremos nós que viveremos, mas o Cristo que viverá em nós.*

Mônica começou seu trabalho terapêutico, e a primeira questão que precisava ser entendida era:

— Quais foram as palavras que seu inconsciente mandou para você?

Ela, espantada com a pergunta, respondeu:

— Era uma única palavra, Coragem!

— Coragem para que, Mônica?

Ela lançou um olhar que foi além das paredes do consultório e respondeu:

— Coragem de ir... — e fez longo silêncio.

Foram altos e baixos, tentativas de fuga, choro e muitos risos... Depois de um tempo, Mônica partiu para a Itália junto com seu lindo filho e hoje vive em uma bela cidade. Além disso, aprendeu a tocar tambor, sim, ela virou Xamã. Era esse o chamado do tambor! Em nosso último encontro, ela disse ter consciência que até então alimentava o autoengano, pois queria agradar a todos, só não imaginava que a pessoa que ela viria a se tornar tinha tanta força.

Ela hoje prossegue sua trajetória, porque entendeu que o sentido da vida não é chegar ao fim de um trajeto, mas percorrê-lo, caminhar passo a passo, carregar a cruz até o fim e usufruir dos aprendizados e momentos especiais ao longo do caminho, pois não é possível ao homem nem à mulher viver uma vida sem significado, uma vida sem o encontro consigo mesmo.

# 09   O DRAMA ENTRE TER E SER

*Eu devia estar contente por ter conseguido tudo o que eu quis. Mas confesso, abestalhado, que eu estou decepcionado. Por que foi tão fácil conseguir e agora eu me pergunto: e daí? Eu tenho uma porção de coisas grandes pra conquistar e eu não posso ficar aí parado.*

Raul Seixas

De acordo com a mitologia grega, Sileno, um dos mestres de Dionísio, vivia embriagado e costumava se perder pelas estradas. Certa feita, encontrado pelos soldados de Midas, rei da Frígia, foi levado ao soberano que, ao reconhecê-lo, acolheu-o de forma generosa em seu palácio, proporcionando-lhe o refazimento necessário. Sabendo disso, e imensamente grato a Midas, Dionísio ofereceu ao rei a possibilidade de fazer qualquer pedido. Após pensar um pouco, o soberano da Frígia fez a sua escolha: "Desejo que tudo que eu toque vire ouro".

Dionísio avaliou não se tratar de uma boa escolha, mas na condição de filho de Zeus não voltava atrás em suas promessas. O Rei Midas pensava que dessa forma estaria livre de todas as misérias e dificuldades, pessoais e do seu reino. Logo mandou que preparassem uma grande festa para celebrar a era de prosperidade em seu reino. Mas a sua alegria durou pouco tempo, pois ao tocar os alimentos que iria comer, assim também a própria filha, os viu transformarem-se em ouro. Desesperado, implorou a Dionísio que desfizesse o encantamento, pois o que considerava ser a salvação acabava de se transformar em uma grande tragédia...

Recordando essas páginas, eu me pergunto se estaremos livres, na atualidade, da ilusão que envolveu o Rei Midas, ao estimar que uma fonte inesgotável de recursos externos seria a solução para todos os problemas. Basta uma rápida observação para constatar que ainda há muitos iludidos nesse sentido, acreditando que recursos abundantes serão a solução para a maior parte senão todos os seus problemas. Não se dão conta de que mesmo aqueles que detêm abundância de recursos vivenciam graves conflitos, muitas vezes intensificados pela posse e pelo medo de perdê-la.

A psicologia de Joanna de Ângelis nos ensina que: "...ninguém vive bem sem a segurança de si mesmo. Quando esta não decorre do autoencontro libertador, é buscada por intermédio dos meios externos, que envolvem o seu possuidor em preocupações de aumentá-las, em medo de perdê-las, passando a angústia de mais assegurar-se da sua retenção."[39]

A falta de noção do valor próprio faz com que a criatura humana o transfira às coisas, que busca possuir numa intensidade insaciável, pois por sua própria condição provisória elas trazem sua quota de angústia

---

[39] FRANCO, Divaldo P. Pelo Espírito Joanna de Ângelis. *O ser consciente*. Leal Editora.

aos que a elas se apegam, tornando-os escravos daquilo que pensam possuir. Enquanto ignora a si mesmo, o indivíduo busca valor na marca que veste, no carro que conduz e no status que consegue alcançar. Termina por se desesperar com tudo aquilo que tem, ou mesmo com a possibilidade de perder o que já conseguiu alcançar...

Essa *neurose do ter*, que encontra no consumo excessivo sua válvula de escape, vai sendo incutida em toda cultura, e desde cedo as crianças são manipuladas para esse tipo de neurose, através dos programas televisivos infantis e do próprio comportamento dos pais. A criatividade e a espontaneidade são substituídas por brinquedos de alta tecnologia, que como avança em velocidade intensa, produz inúmeros produtos descartáveis, que aos poucos são acumulados nos quartos e gavetas ou se acumulam nos lixos das cidades e do mundo.

Além disso, a falta de tempo qualitativo por parte dos pais junto a seus filhos, na ânsia de conseguir *coisas*, torna a questão ainda mais grave, pois se tornou usual verificar a compensação da falta de tempo com excesso de coisas, o que é duplamente desastroso, uma vez que ensinam o comportamento consumista às mentes infantis, que passam a receber objetos como substitutos do afeto ausente.

O adolescente, vivendo sua natural crise da idade, também é alvo dessa dinâmica ilusória, porquanto nem sempre encontra o apoio necessário para realizar a estruturação da personalidade em bases saudáveis.

Verifica-se o estímulo a que busque profissões rentáveis e seguras, em detrimento de sua vocação, muitas vezes negligenciada e esquecida. A ideia subjacente é: *seja alguém de destaque para ser admirado*, enquanto a mensagem deveria ser a da construção de valores internos para formar cidadãos nobres.

Nessa inconsciência que gravita em torno do *Ter*, outros problemas são gerados. A natureza é uma das grandes afetadas, pois o consumo inconsciente gera danos irreversíveis. A devastação e a exploração inconsequente de minerais, plantas e vegetais, bem como de animais, na condição de matéria-prima dos produtos de consumo, intensificam-se em velocidade assustadora. A natureza, em devido respeito ao seu ciclo natural e à própria capacidade de regeneração, vê-se em grave ameaça. Isso sem falar das formas de produção que se utilizam de mão de obra escrava, a serviço do estado de sono em que nos encontramos coletivamente. A natureza sofre gravemente o revés da inconsciência, pois apartados do ser que somos não nos sentimos parte da grande teia universal.

Os hábitos, igualmente, vão sendo afetados, com o passar do tempo. Antigamente, o domingo era o dia dedicado à integração da família, aos cultos religiosos e ao lazer ao ar livre. Em muitos lugares do mundo, tudo isso está sendo substituído pelos passeios nos *Shopping Centers*, cada vez mais modernos e sofisticados, alguns funcionando 24h. O problema não é a sua existência, tampouco os frequentar, porquanto tem a sua utilidade e valor. Contudo, temos de refletir sobre a energia e o tempo destinados aos templos de consumo, enquanto o ser que somos permanece adormecido.

Claro que não podemos estagnar, pois as coisas mudam, e nosso dever é acompanhar os avanços, mas isso não pode servir para nos eximir de uma reflexão mais profunda a respeito de nossos hábitos. Estarão eles a serviço da alma, do ser que somos, ou de uma personagem que construímos sem noção do próprio valor?

E fica a grave questão: Como poderemos nos libertar da dinâmica do *Ter* adentrando-nos pela realidade do *Ser*?

Dentre os seus vários ensinamentos, a proposta da Psicologia de Joanna de Ângelis nos orienta a:

## 1. FAZER UMA AVALIAÇÃO DOS VERDADEIROS TESOUROS

Quais são os tesouros que merecem a nossa atenção e investimento, os que podem nos conduzir a uma vida plena e significativa – de ordem interna – ou os que tragam uma realização externa? Não é necessário negar o mundo, nem mesmo se isolar dele, mas devemos ter em mente o que realmente merece a canalização de nossas energias.

## 2. RESERVAR TEMPO PARA O AUTOCONHECIMENTO

Autoconhecimento exige disciplina regular, em que o indivíduo observa a si mesmo, e a partir desta observação deve esforçar-se para modificar o que não mais se adapta aos seus objetivos de conquista da plenitude.

## 3. PERSEVERAR

De origem latina, a palavra *perseverar* significa "manter-se de pé", ou seja, destinar energia durante todo o percurso. Muitos candidatos à conquista de si desistem nas primeiras dificuldades, demonstrando que, embora sua vontade possa ser verdadeira, não possuem ainda base de sustentação para lidar com os naturais desafios que surgem no caminho de todo aquele cujo desejo é tornar-se consciente.

## 4. APRECIAR A BELEZA DE CADA ETAPA DO CAMINHO

Todo o caminho de transformação possui as maravilhas inerentes a cada estágio. Tentar apressar a marcha significa muitas vezes perder de vista o aprendizado necessário, através do qual agregamos conquistas importantes para as etapas futuras.

Em complemento, aprendemos com Joanna de Ângelis:[40] "Tal identificação – do que deve fazer e como realizá-lo, superando as sequelas do passado – abre-lhe espaços mentais e emocionais para ser feliz. Nesse labor consciente, racional e objetivo, a individualidade cresce e desenvolve-se, facultando o surgimento

---

40 FRANCO, Divaldo P. Pelo Espírito Joanna de Ângelis. *Em busca da verdade*. Leal Editora.

de outros valores dantes não considerados, que constituem elementos superiores para uma vivência com sentido enobrecido."

Então, quando Midas, no mito narrado no início deste capítulo, percebeu que o seu desejo representava uma maldição, solicitou a Dionísio que desfizesse o encanto. Dionísio orientou-o a seguir até a fonte do rio Pactolo e a mergulhar todo o corpo, após o que poderia retornar à vida normal.

E na simbologia do mito de forma muito profunda está a jornada rumo a si mesmo. Devemos voltar às fontes de nossa origem divina e espiritual e mergulhar de forma profunda em nosso inconsciente, para lá encontrar as riquezas do nosso mundo interno. Reconhecendo a nossa filiação divina e a finalidade sublime da existência, o *Ser* certamente terá prioridade sobre o *Ter,* pois como já nos ensinava o Mestre sublime, *de que valerá ao homem ganhar todo o mundo e perder a alma!*

# 10 SOFRIMENTO: NECESSIDADE OU ESCOLHA?

> *Ou guardo o dinheiro e não compro o doce, ou compro o doce e gasto o dinheiro. Ou isto ou aquilo: ou isto ou aquilo... e vivo escolhendo o dia inteiro! Não sei se brinco, não sei se estudo, se saio correndo ou fico tranquilo. Mas não consegui entender ainda qual é melhor: se é isto ou aquilo.*
>
> Cecília Meireles

Por que sofremos?

Esse questionamento tem sido feito desde a antiguidade, porquanto a condição humana caminha lado a lado com o sofrimento, desde as suas origens. Inúmeras respostas foram dadas para explicar esse fenômeno, pela religião, filosofia e pela ciência, que em suas variadas escolas e vertentes apresentaram propostas e convicções diversas, na tentativa de esclarecer e minimizar sua intensidade.

Alguns séculos antes de Cristo, o príncipe Sidarta Gautama, que mais tarde se tornaria Buda (o Iluminado), especialmente após deixar a vida cercada de luxo no palácio em que vivia, deparou-se com a realidade do sofrimento e ao atingir o estágio de iluminação, conforme os estudiosos de sua doutrina, estabeleceu suas 4 nobres verdades, segundo as quais:

1 - Todos os seres estão sujeitos ao sofrimento ou insatisfação (velhice, doença, morte, frustração etc.).

2 - O sofrimento surge de causas (desejo, cobiça, raiva, ignorância etc.).
3 - Ao eliminarmos as causas, o sofrimento é eliminado.
4 - Praticando o nobre caminho óctuplo, os oito passos sugeridos por Buda – indispensáveis à iluminação pelo amor e à plenitude pela felicidade,[41] o sofrimento é eliminado.

Além das propostas budistas, que conclamavam ao caminho reto para cessação do sofrimento, a psicologia apresentou-o a partir de vários prismas. Na observação do pai da psicanálise, Sigmund Freud,[42] ele resultava de 3 causas principais:

- Do corpo físico, que estando *fadado à ruína* não poderia evitar a dor e a angústia.
- Do mundo externo, que *nos ameaça com suas forças* fora do controle do *ego*.
- Das relações humanas, pois os vínculos que geramos com os outros costumam ser fontes de grandes sofrimentos.

Ao ampliar a análise dos fatores causais, Carl Gustav Jung, pioneiro da Psicologia Analítica, conforme vimos, constatou que:

- Os complexos, na condição de experiências emocionais arquivadas no inconsciente, quando acio-

---

41 FRANCO, Divaldo P. Pelo Espírito Joanna de Ângelis. *Plenitude*. Leal Editora
42 *O mal-estar na civilização.*

nados trazem à consciência conteúdos perturbadores, gerando sofrimento.
- A Sombra, parte desconhecida e negada em nossa personalidade, atua constantemente contra as predisposições egoicas, gerando um embate normalmente sofrido para a percepção do ser.
- A construção de uma vida artificial, baseada na *persona*, nos distancia do ser que somos – de nossa essência – e isso gera sofrimento.

A psicologia seguiu seu curso de investigação, e encontramos na análise de Viktor Frankl, através da Logoterapia, que o sofrimento resulta da perda do sentido existencial. Ademais, complementariam Abraham Maslow e os humanistas que a condição de *ser humano significa ter conflitos e problemas*, o que gera sofrimento. Contudo, não precisamos ser *esses problemas e conflitos*, ou seja, a nossa identidade vai muito além dos sintomas que apresentamos.

Estabelecendo-se um paralelo entre as propostas de Buda, as doutrinas psicológicas e o Espiritismo, Joanna de Ângelis[43] aprofunda o estudo das dores humanas. De acordo com a autora, muitas vezes o sofrimento "...é resultado das próprias aflições que ele proporciona". Algumas pessoas têm pouca resistência ao desconforto, às dores, às doenças. Nesse sentido, a própria estrutura física e emocional responde pela intensidade do sofrimento. Esse seria o *Sofrimento do Sofrimento*.

---

43 FRANCO, Divaldo P. Pelo Espírito Joanna de Ângelis. *Plenitude*. Leal Editora.

Por outro lado, existe o *Sofrimento da Impermanência*, resultante da ilusão que temos a respeito da vida e da realidade material que nos acompanha. O *ego* imaturo, acreditando ser possuidor de bens e tesouros de ordem física, quase sempre se ilude na busca de recursos externos e sofre porquanto tudo na existência terrena tem a condição de transitoriedade. Nesse ponto, ressalta-se a necessidade do aprendizado do "desapego", da desidentificação das coisas e até mesmo das pessoas que acompanham nossa jornada. Aquilo que pensamos possuir está conosco, mas não é nossa propriedade, nem tampouco tem condição permanente. Isso inclui o próprio corpo físico, que por mais longa que seja sua existência, um dia se desintegrará.

Além desses, existe o *Sofrimento dos Condicionamentos*, ocasionado pelo aprendizado inadequado a respeito da vida e seu significado. Não aprendemos a lidar com nossas emoções, abraçamos ideias pessimistas, crenças sem nenhum sentido e geralmente direcionamos nossas vidas sem nos ocuparmos devidamente com o mundo interno, o único que se mantém e prossegue além da vida física. Esses condicionamentos respondem por grande parte dos sofrimentos que nos atingem.

Ademais, a vida traz de volta o resultado das ações e escolhas de outras existências. Nesse aspecto, compartilhado pela visão espírita e da Psicologia Transpessoal, o sofrimento de hoje, frequentemente, consequência do mau uso dos recursos vitais em outras épocas. Não se trata apenas de uma instância punitiva, mas a forma que a vida encontra, em sua sabedoria, de nos convocar ao reequilíbrio, a fim de fazermos escolhas equilibradas e sábias, hoje, para não sofrermos no futuro.

Mesmo com o avanço na medicina, que proporcionou alívio a inúmeras dores físicas, a realidade do sofrimento nos convida a mais profundas reflexões em torno da realidade humana. As respostas convergem para a manutenção de uma vida saudável, que ao menos irá minimizar os efeitos dos sofrimentos. E se mesmo assim nos alcançar o "sofrimento inevitável", quanto mais estrutura psicológica e espiritual tivermos para lidar com essa realidade, menor será sua intensidade, significando que a nossa resposta a ele será sempre uma escolha que podemos fazer.

E atento à realidade do sofrimento que atingia a humanidade, Jesus, na condição de Mestre e modelo, não se isentou de convocá-la a seguir os seus passos, e movido de compaixão pelas dores do mundo exclamou: "Vinde a mim, todos os que estais cansados e oprimidos, e eu vos aliviarei. Tomai sobre vós o meu jugo, e aprendei de mim, que sou manso e humilde de coração; e encontrareis descanso para as vossas almas. Porque o meu jugo é suave e o meu fardo é leve."[44]

Apontava, portanto, todo um aprendizado a ser feito com Ele, através do qual nos tornaríamos aptos a suavizar a intensidade do sofrimento. E se inicialmen-

---

44 *Evangelho de Mateus* 11: 28-30.

te perguntamos: "Por que sofremos?", ao buscar um sentido mais profundo em sua realidade perguntaremos: "Para que sofremos?".

Assim fazendo, buscaremos uma finalidade dentro da dinâmica do sofrimento, e cientes de que estamos trilhando a jornada rumo à plenitude, acolheremos dele as lições que traz, seguindo confiantes e dispostos a enfrentar qualquer obstáculo que surja em nosso caminho.

# 11
# TRISTEZA OU DEPRESSÃO?

*Sabe o que eu queria agora, meu bem? Sair, chegar lá fora e encontrar alguém. Que não me dissesse nada, não me perguntasse nada também. Que me oferecesse um colo, um ombro, onde eu desaguasse todo desengano. Mas a vida anda louca, as pessoas andam tristes, meus amigos são amigos de ninguém.*

Vander Lee

Confirmando todas as previsões, a depressão é hoje uma doença tão presente na sociedade que, para alguns profissionais, ela é uma reação perfeitamente normal, tornando-se preocupante somente quando interfere nas atividades diárias. Será?

Uma pessoa saudável se sente bem, então não podemos considerar que um estado depressivo seja um estado saudável, mesmo que sinônimo de normalidade para grande parte da população mundial. O fato de um número considerável de pessoas viver em estado depressivo não o torna a condição normal do ser humano, que tem por meta a plenitude.

Sabemos que nem sempre estamos alegres, pois nem mesmo as crianças ficam nessa condição todo o tempo, e que momentos de tristeza e preocupação são perfeitamente naturais. Mas, o fato de não estarmos sempre alegres não significa que estejamos deprimidos. Independentemente de estarmos alegres ou não, precisamos estar de bem com a vida, ou seja, possuir a sensação de bem-estar, de encontrarmos satisfação em tudo o que fazemos, pois dessa forma ainda que por alguns momentos estejamos tristes, não apresentaremos depressão.

Estar momentaneamente triste não é sinônimo de depressão, o que se caracteriza somente quando esse estado persiste por tempo considerável. A tristeza é um alerta da psique de que algo não está bem, que algo precisa ser cuidado em nossas vidas. E se nos encontramos constantemente tristes, muito provavelmente ainda não nos detivemos no problema efetivo a ser enfrentado. Conhecer mais a fundo as nossas emoções é passo fundamental para encontrarmos respostas sobre nós mesmos. O problema é que nem sempre temos maturidade para fazer essa escolha, e sofremos ainda mais por isso.

Como nos recorda Joanna de Ângelis,[45] "normalmente, nos casos de angústia cultivada, estão em jogo os mecanismos masoquistas que, facultando o prazer pela dor, intentam inverter a ordem dos fenômenos psicológicos, mantendo o estado perturbador que, no paciente, assume características de normalidade". O pior de tudo é que muitos que se encontram nesse quadro acreditam que a vida é assim mesmo, e os esforços de renovação de nada adiantarão.

Então, será que estamos confundindo tristeza com depressão? Será que estamos diagnosticando demasiadamente questões pessoais que precisam ser resolvidas, patologias sociais que precisam ser vistas como uma doença, e consequentemente buscamos nos me-

---
[45] FRANCO, Divaldo P. Pelo Espírito Joanna de Ângelis. *O ser consciente*. Leal Editora.

dicar para resolver o que achamos ser depressão? O psiquiatra norte-americano Allen Frances, ex-diretor do guia de referência mundial para doenças psiquiátricas, acredita que sim, e alerta que "estamos transformando os problemas diários em transtornos mentais e tratando-os com comprimidos."[46]

Não desmerecendo o valor dos profissionais de saúde mental, nem tampouco o uso prescrito de medicamentos nos casos de depressão diagnosticada, é importante recordar que as pílulas não melhoram a pessoa, antes atuam somente nos sintomas. O ser em si, responsável pelo quadro, não pode ser esquecido no equacionamento dos seus conflitos. Por isso mesmo, até nos casos em que a medicação é recomendável, o problema não será sanado enquanto o indivíduo não se transformar.

Sempre que abandonamos questões importantes na vida estas voltam a nos atormentar, sejam oriundas da vida presente ou de um passado distante. É claro que não estamos aqui afirmando que, ao entristecermos, estamos sob a lei do retorno, mas que a tristeza pode ser um chamado da alma para voltarmos atenção ao que realmente importa, pois se não estivermos atentos iremos falhar no mesmo ponto que, por certo, já nos equivocamos outras vezes.

O perigo, como em tudo, está no excesso. Ao ficarmos demasiadamente tristes, sem elaboração consciente desse estado emocional, perdemos o entusiasmo, e a vida passa a ser percebida pela ótica pessimista e inflexível do "não adianta nada" e do

---

[46] Entrevista disponível em www.freudiana.com.

"eu não consigo". Ora, se estamos desistindo antes de tentarmos todas as alternativas, deveremos nos perguntar: "Realmente temos fé?". E depois: "Por que estamos escolhendo a tristeza?". Sem dúvida encontramos aqui um conflito que devidamente enfrentado deixa de ser o problema e passa a ser a solução.

Como dissemos, é preciso que nosso eu profundo sinta satisfação com o direcionamento que damos às nossas vidas, o que significa nos conectar com a felicidade real. Tristeza não é o oposto de felicidade, mas se não estivermos sincronizados com o sentido real da vida, a tristeza surgirá de alguma forma para nos alertar, e poderemos confundir o sinal de alerta com uma doença. E porque a depressão é, no momento, ainda tão pouco compreendida, perderemos a chance de crescer e decidiremos pela dor. Mas, tudo é sempre uma questão de escolha!

E sendo uma escolha, de que forma poderemos escolher diferente?

Certamente, não existe um caminho único para lidar com a tristeza e mesmo com a depressão, mas a psicologia de Joanna de Ângelis aponta estratégias importantes para enfrentarmos os naturais momentos de tristeza, e a lutar para sair deles de modo consciente. São elas:

1 - Tente identificar a emoção predominante, sem a negar, apenas a perceba como sinalizadora de que algo não está bem. É decorrente da raiva, da frustração, do medo, de algum afeto não correspondido? Muitas vezes, a tentativa de negar as emoções é causa de tristeza, e reconhecê-las é passo importante para sair do quadro emocional perturbador. Identificada a

emoção, tente associá-la a outros momentos em sua história em que sentiu algo parecido e verificar o que necessita ser resolvido na questão, preparando-se para equacioná-la.

2 - Procure alguma causa ou evento objetivo que possa ter gerado o quadro em que se encontra. Existe alguma sensação de culpa por ter feito a escolha equivocada, ou alguma frustração decorrente de que algo deveria ter um resultado diferente do ocorrido? Frequentemente, a culpa é fonte geradora de tristeza, pois acreditamos que poderíamos ter feito escolhas diferentes. Se assim for, é a chance que temos de aprender com os erros e escolher de forma diferente na próxima oportunidade, sem que fiquemos prisioneiros dos equívocos do passado. Se a responsabilidade pelo resultado negativo foi de outra pessoa não há o que se lamentar, mas sim ter a sabedoria de compreender que o nosso desejo nem sempre é o que necessitamos naquele momento da vida, e que o outro foi apenas instrumento do insucesso.

3 - Transforme seus pensamentos. De acordo com especialistas da mente humana, temos dezenas de milhares de pensamentos diários. O problema é que a maior parte deles fixa-se em construções doentias e pessimistas, que nos levam a estados emocionais perturbadores. Por isso, a importância de reciclar nossos pensamentos, direcionando-os para construções saudáveis, sem que com isso estabeleçamos fuga da realidade.

4 - Estabeleça metas existenciais e se empenhe a conquistá-las. Normalmente construímos metas externas, do que queremos ter no futuro. No entanto, as

metas existenciais direcionam-se ao ser: "Que tipo de pessoa quero ser daqui a algum tempo?", "Que virtudes e habilidades preciso desenvolver para isso?", "As minhas atitudes são compatíveis com essa pessoa que quero ser?". Se não, é o momento de fazer escolhas diferentes, porquanto somente assim conseguiremos resultados diferentes dos que temos até então.

5 - Renove-se com a meditação e a oração. A meditação acalma a mente, e a oração nos conecta com a fonte sublime da vida, proporcionando à espiritualidade superior encontrar campo propício para agir. Dedicar momentos diários a nós mesmos não é gesto de egoísmo, mas de autoamor, que nos permite conectar com Deus e com as forças renovadoras.

E ainda que vivamos problemas de difícil solução, antes de nos entregarmos completamente à tristeza, poderemos acionar a "resignação dinâmica", isto é, a aceitação do problema, com atitude corajosa de o enfrentar e remover-lhe a causa, o que representa avançado passo à sua solução.

Ao agirmos assim, embora não evitemos as ocorrências naturais pelas quais passam todos os seres humanos, teremos elementos suficientes para lidar com a tristeza de forma madura e consciente, e quando ela surgir, em vez de buscar mecanismos escapistas ou anestesiadores, encontraremos nela os pontos que ainda precisamos transformar em nossas vidas. E mesmo que a depressão nos atinja, pelos diversos fatores que a ocasionam, o medicamento não será o nosso único trunfo, porquanto estaremos prontos a canalizar todas as nossas forças visando recobrar a saúde e prosseguir rumo à plenitude, que a todos aguarda.

# 12 É POSSÍVEL MEDIR A FELICIDADE?

*E bem que viu o bem-te-vi. A sabiá sabia já. A lua só olhou pro sol, a chuva abençoou. O vento diz 'ele é feliz', a águia quis saber. Por quê, por que, por qual será, o sapo entregou. Ele tomou um banho d'água fresca, no lindo lago do amor. Maravilhosamente clara água, no lindo lago do amor.*

Gonzaguinha

No ano de 2007, o diário britânico *Independent*[47] apresentou em suas páginas aquele que seria "o homem mais feliz do mundo". Curioso é que, décadas atrás, o francês Matthieu Ricard, agora destacado pela imprensa mundial, deve ter surpreendido seus amigos próximos, porquanto após alcançar o título de Doutor em Biologia Molecular pelo famoso Instituto Pasteur, com tese orientada e aprovada por François Jacob, prêmio Nobel de Biologia em 1965, tomou a decisão de se transferir de forma definitiva de Paris para o Himalaia, no ano de 1972, deixando para trás promissora carreira científica, sinônimo de felicidade para muitos, para se dedicar à prática budista.

Nesse mesmo período, Dr. Richard Davidson dedicava-se aos estudos de pós-graduação em Harvard, assumindo posteriormente a cátedra de Psicologia e

---

[47] Disponível eletronicamente em: http://www.independent.co.uk/news/uk/this-britain/the-happiest-man-in-the-world-433063.html

Psiquiatria na Universidade de Wisconsin-Madison. Iniciava a partir de então seus estudos sobre o cérebro humano, especialmente no tocante às expressões das emoções. Ainda durante a década de 70, conheceu um grupo de pessoas que chamou bastante sua atenção pela forma simples e tranquila de encarar a vida, apresentando como fator comum a prática da meditação. Após ter passado alguns meses na Índia, manifestou o desejo de se aprofundar nos estudos científicos em torno dessa prática milenar, porém o meio acadêmico à época não o encorajou a prosseguir suas pesquisas científicas em torno desse campo, até então considerado místico.

Posteriormente, no ano de 1992, quando mais conhecido e respeitado na área acadêmica, e encorajado após um encontro pessoal com o Dalai Lama, teve ensejo de retomar seus projetos. Tomado de admiração pelos esforços do Nobel da Paz em semear sua mensagem de esperança e compaixão ao mundo, Dr. Davidson comprometeu-se a: "Primeiro: estudaria a meditação. Segundo: tentaria fazer com que a psicologia desse à pesquisa sobre as emoções positivas, como a compaixão e o bem-estar, a mesma atenção que sempre dedicara às emoções negativas."[48]

O período era muito favorável a tal investida, porquanto os anos 90 foram considerados "a Década do Cérebro", em face dos avanços nos experimentos para desvelar as complexas expressões da mente

---

48 DAVIDSON, Richard. *O estilo emocional do cérebro*. Editora Sextante.

humana, incluindo a dimensão espiritual, verificada nos célebres estudos dos Doutores Michael Persinger e Vilayanur Ramachandran, dentre outros.

E naquele mesmo ano de 1992, enquanto Dr. Davidson ampliava o campo de suas pesquisas científicas, que levariam mais de uma década para ser concluídas e publicadas, a autora espiritual Joanna de Ângelis apresentava o livro *Momentos de Saúde*, estabelecendo importantes reflexões sobre os caminhos para alcançar a saúde integral. Os ensinamentos ali exarados, em feliz sincronicidade, apresentaram de forma antecipada aquilo que os experimentos científicos viriam a comprovar mais tarde.

Por meio de equipamentos de última geração, a equipe do Dr. Davidson mapeou a atividade cerebral de diversos indivíduos, incluindo monges budistas, dentre os quais Matthieu Ricard (que passou a fazer parte do círculo próximo ao Dalai Lama). Apoiando-se nos resultados obtidos através dos experimentos, os cientistas puderam apresentar características, atitudes e comportamentos que levam algumas pessoas a se sentirem de bem com a vida, em outras palavras, a serem felizes, enquanto outras, ainda que vivendo contextos considerados favoráveis, não possuem a mesma sensação de bem-estar.

Na avaliação de Dr. Davidson, alguns fatores são fundamentais para que isso ocorra, dentre os quais destacamos alguns deles, traçando um paralelo com os ensinamentos da psicologia espírita de Joanna de Ângelis:

## 1. RESILIÊNCIA

Resulta na capacidade de lidar com as adversidades e frustrações. Os indivíduos resilientes recuperam-se com maior velocidade de uma adversidade. Os experimentos concluíram que as pessoas "mais felizes" não são aquelas isentas de adversidades, mesmo porque de uma ou outra forma elas sempre ocorrem, mas aquelas que lidam melhor com os obstáculos que a vida apresenta, possibilitando que o registro das emoções "negativas" seja de menor intensidade.

Segundo Dr. Davidson, esse aspecto pode ser exercitado a partir do momento em que o indivíduo se dá conta do seu estilo emocional predominante e exercita-se em ações proativas, com frequência e disciplina. Ele conclui que "as pessoas resilientes, de alguma forma, conseguem suportar certas ocorrências estressantes e até se beneficiar delas, transformando as adversidades em vantagens".[49] Isso exige atitude e constante compromisso com o autoaprimoramento.

Esse fator não passou despercebido a Joanna de Ângelis, que recorda que "...quando se elege uma existência enriquecida de paz e bem-estar, não se está eximindo ao sofrimento, às lutas, às dificuldades que aparecem". E logo após conclama a uma atitude resiliente: "Transforma, dessa maneira, os estímulos afli-

---

49 DAVIDSON, Richard. *O estilo emocional do cérebro*. Editora Sextante.

gentes em contribuição positiva, não se lamentando, não sofrendo, não desistindo."[50]

## 2. FOCO E ATITUDE CENTRADA NO MOMENTO PRESENTE

Os pesquisadores notaram que indivíduos com maior grau de atenção e foco no momento presente apresentam menor sofrimento psíquico. Isso se deve ao fato de que, quando se vive o momento presente, a ansiedade permanece em limites de normalidade, permitindo atitudes proativas perante os desafios que se enfrenta.

Um dos efeitos da ansiedade é o aumento da liberação de cortisol no organismo, como compensação às descargas de adrenalina. Ocorre que o cortisol, quando em excesso, cria mais predisposição ao estresse e consequentemente às enfermidades, pois afeta negativamente a imunidade. Estudos realizados pelo Dr. Robert Sapolsky detectaram que "...uma das anormalidades biológicas mais frequentemente encontradas em pacientes com depressão é a hipersecreção contínua de cortisol."[51]

Como antídoto à ansiedade, Joanna de Ângelis destaca a virtude da serenidade, que "...não é quietação exterior, indiferença, mas plenitude da ação destituída de ansiedade ou de receio, de pressa ou de inse-

---

50 FRANCO, Divaldo P. Pelo Espírito Joanna de Ângelis. *Momentos de saúde e consciência*. Leal Editora.
51 ANDREWS, Susan. *A ciência de ser feliz*. Editora Ágora.

gurança".[52] O fator serenidade, ao auxiliar a manter o indivíduo no momento presente, diminui a intensidade da ansiedade, permitindo que cada instante seja vivido com atenção e concentração.

## 3. OTIMISMO REALISTA

Os resultados apresentados concluíram que as pessoas otimistas, dentro de um senso de realidade, são mais resistentes a enfermidades e vivem mais. Em uma pesquisa no mínimo curiosa, selecionaram cartas de um convento de freiras da década de 30, dividindo-as em 2 grupos: em um primeiro separaram as cartas que continham em seu teor mensagens positivas e frases otimistas; no segundo, as que continham mais queixas e lamentações. Após averiguação das freiras que ainda estavam vivas na época da pesquisa, constatou-se que a maioria era do grupo cujas cartas apresentavam maior otimismo.

Em outro experimento conseguiram detectar, através de pesquisas de laboratório, que os indivíduos com maiores níveis de emoções positivas quando expostos ao vírus da gripe tinham 1/3 de chance de se resfriar, em comparação com os que se sentiam menos felizes. O otimismo, a maneira positiva de encarar a vida, foi determinante até mesmo à resposta orgânica mais afetada positivamente, e a vida, então, se fizesse mais longeva.

---

[52] FRANCO, Divaldo P. Pelo Espírito Joanna de Ângelis. *Momentos de saúde e consciência.* Leal Editora.

Esse aspecto, bastante enfatizado pela atual psicologia positiva, está presente nas observações de Joanna de Ângelis, pois "...gerar simpatia, produzindo estímulos otimistas para ti mesmo, representa um crescimento emocional significativo, a maturidade psicológica em pleno desabrochar". Isso posto, prossegue: "...é relevante que o teu comportamento produza um intercâmbio agradável, caricioso, com as demais pessoas."[53]

## 4. AUTOPERCEPÇÃO

A capacidade de perceber a si mesmo: física, emocional e espiritualmente. O indivíduo atento às reações orgânicas e emocionais tem mais possibilidade de tomar atitudes proativas na presença de fatores estressantes, desgastando-se menos.

Os cientistas, ao analisarem indivíduos que se dedicavam à meditação com mais regularidade, constataram que o córtex pré-frontal esquerdo desses (associado a emoções positivas) mantinha maior atividade, enquanto o lado direito (mais ativo nos momentos de estresse) apresentava-se mais estimulado em indivíduos cujos níveis de bem-estar mostravam-se inferiores.

Antes mesmo dessas medições cerebrais, Joanna de Ângelis concluía: "O empenho de manter a atenção –

---

[53] FRANCO, Divaldo P. Pelo Espírito Joanna de Ângelis. *Momentos de saúde e consciência*. Leal Editora.

que observa –, a concentração – que fixa – e a meditação – que completa o equilíbrio psicofísico – torna-se a ponte de união entre a consciência superficial e o Eu profundo, unificando, desse modo, a ação dos dois hemisférios cerebrais que se harmonizarão e se desenvolverão em equilíbrio."[54]

## 5. GENEROSIDADE E AMOROSIDADE

A capacidade empática e a amorosidade demonstraram ser a maior fonte de bem-estar nas pesquisas de Dr. Richardson. Foi nesse quesito que o monge Matthieu Ricard se destacou, surpreendendo os cientistas pela intensidade de ondas cerebrais gama, mantidas enquanto meditava e centrava o pensamento na compaixão universal.

Essas ondas promovem um estado de sincronia que "...está na base de muitos processos mentais elevados, como a percepção e a atenção",[55] favorecendo altos níveis de bem-estar, saúde e capacidade de aprendizado quando acessadas com regularidade. Ao ser questionado acerca de como conseguira atingir esse estado, o próprio monge esclareceu: "Tentamos gerar um estado mental no qual a compaixão permeie toda a mente, sem que haja nenhuma outra consideração, nem raciocínio, nem pensamentos discursivos", explicou Matthieu.

---

[54] FRANCO, Divaldo P. Pelo Espírito Joanna de Ângelis. *Momentos de saúde e consciência*. Leal Editora.

[55] DAVIDSON, Richard. *O estilo emocional do cérebro*. Editora Sextante.

Alguns críticos questionaram, dizendo ser fácil manter a mente tranquila em um recanto isolado do mundo, longe do estresse das grandes cidades e dos delicados relacionamentos humanos. Mas, sua vibração amorosa não se restringia à meditação, porquanto "o homem mais feliz do mundo" mantém uma organização de serviço ao próximo, que beneficia a população carente do Tibet, da Índia e do Nepal, desdobrando-se em atividades educacionais, religiosas e promotoras da saúde, além de viajar pelo mundo para divulgar sua mensagem e auxiliar o Dalai Lama nas traduções ao francês.[56] A meditação vinha como complemento de uma atitude amorosa para com o próximo, colocada em prática.

Em perfeita sintonia com essa *descoberta científica*, Joanna de Ângelis estabelece como essencial *aprender a amar* e ampliar esse sentimento nobre em todas as dimensões, porquanto "...à medida que a criatura se autodescobre e se autopenetra com os equipamentos do amor, constata que a saúde é uma conquista interior, que se reflete no corpo como resultado da harmonia íntima."[57]

Felicidade, portanto, antes de resultar das paisagens externas que beneficiam uns em detrimento de outros, é construção interior, sedimentada de dentro para fora. Talvez seja por isso que, antes mesmo que

---

[56] Os trabalhos desenvolvidos pela instituição mantida por Matthieu Ricard podem ser conhecidos através do site: http://karuna-shechen.org/

[57] FRANCO, Divaldo P. Pelo Espírito Joanna de Ângelis. *Momentos de saúde e consciência*. Leal Editora.

as ciências, a psicologia e as religiões investigassem a felicidade humana e conseguissem detectá-la nos intrincados mecanismos cerebrais, o Mestre estabeleceu com propriedade: "O reino de Deus não vem com aparência exterior. Nem dirão: Ei-lo aqui, ou Ei-lo ali, porque o reino de Deus está dentro de Vós."[58]

---

58 *Evangelho de Lucas* 17:20-21.

# 13 REFLEXÕES SOBRE A FAMÍLIA

*Sou uma gota d'água, sou um grão de areia. Você me diz que seus pais não lhe entendem, mas você não entende seus pais. Você culpa seus pais por tudo, isso é absurdo. São crianças como você. O que você vai ser quando você crescer.*

Renato Russo, Dado Villa Lobos e Marcelo Bonfá

No processo terapêutico o tema "Família" é quase obrigatório, dada sua importância na estruturação psicológica e espiritual do ser. É pela família que se alicerçam as bases afetivas, assim como os valores e atitudes para lidar com os desafios de ordem interna e externa. E quando fatores importantes na estruturação familiar são negligenciados no processo educacional, ou ainda nos casos de abandono ou ausência dos pais, os danos resultantes só conseguem ser superados a custo de uma profunda conscientização por parte do indivíduo. A família, dentre suas várias finalidades, possibilita ao espírito receber o conteúdo genético que necessita, e mesmo nos casos de adoção, compartilhar da convivência próxima com os quais se sintoniza ou tem necessidade de reajuste para sua trajetória evolutiva.

Infelizmente, essa vivência nem sempre se dá de maneira harmônica e preenchida de valores morais, como seria o ideal, mas a vivência em família visa propiciar experiências valiosas para o desenvolvimento do ser, pois na condição de seres gregários, sociáveis, temos a possibilidade de experimentar em um plano micro os embates que devem nos preparar enquanto indivíduos para a vivência mais ampla na sociedade.

Ao verificarmos os panoramas da atualidade, constatamos que ainda temos muito por desenvolver no tocante ao aprimoramento da vida em família. A violência em grande escala, a criminalidade, os abusos éticos em toda parte, dentre outros fatores, demonstram que a família não tem cumprido a função que lhe está destinada. Muitas vezes, como temos visto noticiado, os abusos e excessos começam na própria família, fragilizando os seres que estão ao seu cuidado para evoluir, revelando o quanto a predominância do egoísmo no indivíduo pode ser prejudicial às coletividades.

Por isso, ao tempo em que cuidamos de nós mesmos, enquanto indivíduos, torna-se importante destacar alguns pontos para a promoção da vida em família, assim também do papel que deve ser exercido por pais, mães e substitutos no lar, de forma a proporcionar uma vida saudável em família:

- Estimular o desenvolvimento da afetividade, de modo saudável e cada vez mais ampla: o amor que sai do círculo familiar e encontra a humanidade.

- Criar ambiente propício para a busca do conhecimento e do autoconhecimento.

- Auxiliar na construção da autonomia, libertando o indivíduo de qualquer tipo de dependência.

- Propiciar uma educação pautada no altruísmo, que promova o ser além das fronteiras do próprio *ego*.

- Proporcionar o desenvolvimento da consciência de espírito imortal que somos.

São objetivos desafiadores, o sabemos, e por isso devem ser encarados com responsabilidade. O grande problema é que, na maioria das vezes, os indivíduos não se preparam adequadamente para o mister, gerando conflitos a interferir negativamente na psicologia individual do ser e consequentemente na sociedade.

No desenvolvimento da afetividade, o grande desafio da família é estabelecer uma convivência afetuosa. Deve iniciar-se antes mesmo da gestação, quando o casal é convidado a uma convivência amorosa entre si, respeitando as individualidades, exercitando o amor-próprio e criando condições propícias para um lar acolhedor. Quanto mais o espírito que reencarna se sinta acolhido e respeitado, mais os laços de família se fortalecem. Notável a recomendação da educadora italiana Maria Montessori quando questionada por uma mãe sobre em que momento deveria ter início a educação dos filhos, ao que ela respondeu que essa começava quando os próprios pais se educam.

Ao lado da afetividade, o estímulo ao conhecimento é uma das tarefas importantes da família, o que não deve ser negligenciado nem pelos filhos, nem pelos pais. Isso inclui não apenas a formação acadêmica, mas a que envolva um conhecimento geral capaz de fornecer uma visão de mundo ampla, que explore os ricos aspectos que o conhecimento propicia, libertando da ignorância. Mas se o desenvolvimento da razão é importante, devemos recordar que a inteligência não se limita às questões cognitivas, englobando também os aspectos emocionais. Nesse sentido, deve iniciar na família o estímulo ao autoconhecimento, propiciando o ambiente em que as emoções sejam respeitadas, através do diálogo e compreensão para lidar com os embates naturais da convivência, evitando os extremos sempre desastrosos. É essencial dialogar sobre a raiva, as paixões, o medo, dentre outras emoções, para que o indivíduo se conheça mais. Quanto mais a família apoiar nesse sentido, mais auxiliará na formação e desenvolvimento de seres equilibrados para a convivência em sociedade, ou seja, mais harmônicos consigo mesmos.

O desenvolvimento da inteligência, em sua ampla concepção, bem como o da afetividade, auxiliam no passo seguinte: a construção da autonomia – a capacidade de se autogerir. O psicólogo James Hollis enfatiza a questão, dizendo que: "...a tarefa psicológica mais importante do pai\mãe não é facilitar as coisas, mas preparar a passagem para a separação total, para aquele estado subsequente que chamamos de idade adulta".[59] Nesse aspecto, os pais devem aprender a dar responsabilidade aos seus filhos, o que não significa falta de amorosidade. Pelo contrário, pois é grande sinal de amorosidade ensinar os filhos a serem responsáveis e capazes de se conduzir de forma autônoma, o que favorece a autoestima e a segurança interior por parte daqueles que passam por esse aprendizado.

Autonomia, no entanto, não é sinal de individualismo. E não perdendo de vista ser o egoísmo a principal chaga da humanidade, a família deverá estimular o altruísmo. Ao invés da vivência e das buscas de realização pautadas no *ego*, e que se traduzem normalmente no ter, possuir, controlar etc. A educação familiar deve preparar a criança para "ser"; não para ser alguém no mundo, como convencionalmente se entende, mas ser alguém que possa auxiliar a transformação do mundo em que vivemos. Havendo a convivência de irmãos, estabelece-se ótima oportunidade do aprendizado de compartilhar e respeitar o outro, na sua maneira de ser e nos espaços que competem a cada membro. Se é filho único, será pela experiência com os próprios familiares e amigos o aprendizado, através do qual os educadores deverão estar atentos aos aspectos que carecem de mais orientação e desenvolvimento.

E talvez todas essas questões devam convergir para a tarefa mais sublime: auxiliar o ser no seu desenvol-

---
59 HOLLIS, James. *Sob a sombra de Saturno*. Paulus Editora.

vimento espiritual. Não se trata do desenvolvimento dogmático da religião, simplesmente, mas da construção de um ambiente propício à religiosidade, em que o ser aprimora-se no vínculo consigo mesmo, com o seu próximo e com Deus. O exemplo dos pais passa a ser a estrada segura para os filhos trilharem, e a relação com Deus – a religiosidade interna dos participantes da família – possibilitará que ela cumpra os nobres ideais que lhe estão destinados. À vista disso, conclui Joanna de Ângelis: "O ser humano é estruturalmente constituído para viver em família, a fim de desenvolver os sublimes conteúdos psíquicos que lhe jazem adormecidos, aguardando os estímulos da convivência no lar, para liberá-los e sublimar-se." [60]

---

60 FRANCO, Divaldo P. Pelo Espírito Joanna de Ângelis. *Constelação familiar*. Leal Editora.

# 14
# O CASAMENTO E SEUS DESAFIOS

*Meu amor, vou lhe dizer, quero você, com a alegria de um pássaro, em busca de outro verão. Na noite do sertão, meu coração, só quer bater por ti, e eu me coloco em tuas mãos, para sentir todo o carinho que sonhei, nós somos rainha e rei...*

Caetano Veloso e Flávio Venturini

Em meio a tantas crises que vivemos – individuais, coletivas e planetária, os relacionamentos não ficariam isentos. Não sabemos se por inabilidade ou incompatibilidade, se por capricho ou outros fatores, o fato é que os laços afetivos não se encontram tão harmonizados. Alguns solteiros e solteiras dizem querer se casar, outros tantos repudiam a ideia, enquanto muitos dos casados reclamam! E ficamos a nos perguntar: "Onde está o problema?".

O que não podemos perder de vista é que o casamento, seja formalizado ou não, incluindo ainda as relações homoafetivas, tem função importante, tanto para a sociedade quanto para o desenvolvimento psíquico e espiritual do ser, e quando negligenciamos aspectos importantes em sua vivência, os indivíduos e a sociedade como um todo são afetados. Ressaltamos que não se trata de uma vivência cuja não realização inviabilize a felicidade do indivíduo ou seu processo de individuação, antes sua vivência de aspecto consciente e maduro possibilita experiências significativas à jornada dos envolvidos, assim como dos filhos e filhas, quando é o caso.

Ainda crianças começamos a conhecer o mundo a partir do mundo diminuto da nossa família. Começamos, então, a aprender como nos relacionar e principalmente como deve ser a relação com o nosso cônjuge. Acreditem: aprendemos o que é o casamento a partir da base familiar, segundo nos recorda Alberto Almeida: "Aprendemos a ser esposos e esposas na convivência diuturna, especialmente com os nossos pais, de forma consciente ou inconsciente..."[61]

A família é o nosso primeiro modelo de mundo e, consequentemente, lá aprendemos a gostar ou não gostar, agir ou reagir, entregar-se ou preservar-se etc. Por exemplo, se tivemos a sorte de crescer em um ambiente onde as emoções eram acolhidas e respeitadas, teremos melhores condições para lidar de maneira saudável com elas. Ou ainda, se fomos agraciados por pais amorosos, que demonstravam afeto entre si, e pudemos crescer vendo-os abraçados e afetuosos entre si, reconhecendo o valor e a qualidade um do outro, muito provavelmente buscaremos construir um modelo dentro desses padrões. Claro que não podemos anular o efeito da relação afetiva de nossos pais co-

---

61 *A arte do reencontro*: casamento. FEP.

nosco, que também interfere diretamente em nossas escolhas afetivas.

No sentido oposto, quando o relacionamento entre os pais é deficitário, negligenciando aspectos relacionais importantes, isso poderá deixar graves marcas na personalidade. E enquanto estivermos presos às nossas feridas da infância, manteremos relacionamentos imaturos e infantis. Nesse caso, enquanto nosso relacionamento conosco for deficiente por conta das feridas abertas, então, a qualidade dos nossos relacionamentos será afetada, e projetaremos as nossas questões em aberto nas pessoas próximas: E quem é mais próximo que o cônjuge?

Isso nos leva à seguinte conclusão: sem um processo de autoconhecimento, cedo ou tarde nossos relacionamentos sofrerão as consequências, ou porque entrarão em crise ou talvez porque nem cheguem a acontecer...

Certa feita atendi a uma paciente que comemorava 60 anos de casamento, e me admirei quando ela revelou: "Só eu sei o preço que paguei para chegar aqui". Aquela foi sem dúvida alguma uma fala que eu não esperava. Será que o casamento todo havia sido ruim? Foram 60 anos... Mas, a resposta veio na própria história, pois aquele foi um casamento arrumado pelas famílias. Não é que tenha sido ruim, mas também não foi bom, no sentido de proporcionar crescimento aos dois. Disso se conclui que não é a duração de um casamento que dá a sua real dimensão, mas o quanto se aprimoram como indivíduos aqueles que são parte da relação. Como bem questiona James Hollis: "Não crescer durante o casamento é desastroso. A mera longevidade no casamento não é necessariamente algo para celebrar, pois o que aconteceu com as almas das pessoas envolvidas ao longo do caminho?"[62]

E nem sempre as almas em união, formal ou não, estão atentas a isso, como fica claro no exemplo de outra paciente, casada pela segunda vez, e que ainda hoje vive as marcas do primeiro matrimônio, cuja relação foi se mostrando abusiva ao longo do tempo. Ela tinha graves problemas com o pai, que fazia de tudo para apontar que não era benquista, a ponto de transformar a convivência no lar, especialmente na adolescência, quase insuportável. Começou a namorar um rapaz mais velho que ela, que demonstrava inicialmente cuidados extremos. Na relação viu a oportunidade de sair de casa e apressou o casamento, mesmo com pouco tempo de relação. O que eram cuidados extremos, logo se tornaram controle. Mas pensava que era assim mesmo, pois era o que seu pai fazia com a mãe. Somente quando o controle e as agressões emocionais se converteram em agressões físicas percebeu que havia algo errado, e a muito custo e ajuda de amigas conseguiu se libertar da relação.

---

62 *O Projeto Éden.*

Muitas vezes, a ânsia de se libertar de feridas emocionais da vivência familiar desvia atenção a etapas importantes da construção da relação. Felizmente, ela se reconstruiu, através de longo processo terapêutico, e hoje vive uma relação saudável e cercada de afeto mútuo.

O problema é que, constantemente, a incompreensão da grandiosidade do casamento faz com que questões importantes sejam deixadas de lado, e se passe a valorizar aspectos que não deviam consumir nossas energias. Exemplo disso é o quanto se investe em festas de casamento, gastando-se muito além dos rendimentos do casal, e quão pouco se investe na relação em si. Certamente, o casamento é um momento de celebração, mas os excessos de um lado e a carência de outro evidenciam que a aparência tem sido levada muito mais em conta do que a essência das relações. O custo desse paradoxo tem sido bastante alto.

Alguns perguntam: "Como poderemos acertar se não tivemos modelos para seguir?". "Onde nos perdemos e com isso perdemos a hora do encontro?". Essas são algumas questões que escutamos no atendimento terapêutico, cuja resposta deve vir da reflexão pessoal e da coragem de encontrar os "nós" da base afetiva, da caminhada de cada um enquanto indivíduo e do casal enquanto parceria. E, quando estamos atentos, existem sinais muito claros sendo dados durante a relação, apontando que algo não está bem, conforme adverte Joanna de Ângelis:[63]

- Silêncios injustificáveis ou tédio na companhia do outro.
- Ira, mesmo disfarçada, quando o outro emite alguma opinião.
- Falta de diálogo e isolamento constante para leituras, *internet*, redes sociais, programas de tv etc.
- Irritação ao se aproximar do lar.
- Atritos em demasia, críticas exageradas e irritabilidade constante.

Esses, dentre outros aspectos, não podem deixar de ser vistos e cuidados pelo casal. O relacionamento deve fazer bem àqueles que dele compartilham, no sentido de permitir e estimular o crescimento das várias dimensões que fazem parte do indivíduo. Quando um não está bem, é importante que se construa um ambiente propício para o reajuste emocional. Certamente, que crises são naturais e até certo ponto importantes para o questionamento de como podemos aprimorar nossas relações. Todavia, lidar com a crise exige maturidade e valores morais desenvolvidos, o que lamentavelmente nem sempre ocorre.

Infelizmente, ainda existem crenças equivocadas sobre o amor, sobre o papel de homem, mulher ou

---

[63] FRANCO, Divaldo P. Pelo Espírito Joanna de Ângelis. *SOS família*. Leal Editora.

companheiro(a), que foram interferindo no fluir natural dos nossos sentimentos. São muitos os que receberam por herança as experiências frustradas de pais e mães, carregando ainda o peso de relações destrutivas. Mas, isso não pode servir de desculpa para seguir modelos que não deram certo. E para mudar esse resultado, precisamos começar a nos relacionar melhor com a pessoa que somos.

O psicoterapeuta John Welwood[64] apresenta aspectos importantes para que as nossas relações sejam construídas em bases saudáveis:

- Precisamos refletir quem realmente somos, e, não as limitadas imagens a nosso respeito criadas pela família, pela sociedade e por nossa própria mente.
- A relação com o ser amado pode ser o melhor veículo para essa jornada, desde que a relação abra espaço para que os indivíduos se mostrem e cresçam juntos na trilha que escolheram.
- A intimidade deve transformar-se em caminho – um processo de desenvolvimento pessoal e espiritual.

Precisamos construir novas bases sobre a qual se apoiem os relacionamentos. Essas bases devem começar no próprio indivíduo, que imbuído de auto-amor, investe constantemente em seu aprimoramento e propicia o devido respeito ao outro nas relações.

---

64 *Em busca de uma psicologia do despertar*. Editora Rocco.

Libertos dos conflitos de nosso mundo íntimo, em especial daqueles que afetam as manifestações da afetividade, os relacionamentos tendem a ser mais profundos e verdadeiros, cumprindo a sua função primordial de promover o desenvolvimento de indivíduos, de companheiros e da família, o que beneficiará a sociedade como um todo.

# 15
# E VIVERAM FELIZES PARA SEMPRE?!

> *Foi então que Cinderela surgiu na sala, e o criado insistiu em calçar-lhe o sapato. Este entrou sem dificuldade alguma. A madrasta e as suas duas filhas nem queriam acreditar! O príncipe, sabendo do sucedido, veio imediatamente buscar a Cinderela, montado no seu cavalo branco e levou-a para o castelo, onde a apresentou ao rei e à rainha. Poucos dias depois, casaram-se numa linda festa, e foram felizes para sempre.*
>
> **Charles Perrault**

Existem alguns temas que são evitados porque foram rotulados de polêmicos, mas existem outros que são evitados porque espelham uma realidade que muitas pessoas preferem evitar; a separação é um desses temas. Essa foi a motivação principal para propor uma reflexão cuidadosa sobre o tema, principalmente quando observamos o crescente número de crises e insatisfações conjugais, mesmo dentro dos ambientes religiosos e dentre os casais ligados aos trabalhos religiosos.

A primeira coisa que se precisa examinar é: "O que motivou essa união?".

É muito comum ouvir-se dizer que *chegou a hora de casar,* seja porque todos os amigos estão casando e não se quer ficar sozinho(a), ou porque se chegou à idade de casar e ainda porque precisa ter filhos. Independentemente dos motivos, muitas vezes o que se esconde por trás dessas justificativas são questões de ordem psicológica, como a necessidade infantil de dependência, incapacidade de organizar a própria vida, necessidade de garantia afetiva, tudo menos a genuína construção amorosa necessária para a união de duas pessoas.

Não são raros os que relatam que seus pais e avós se casaram na esperança de se livrar da estrutura autoritária de suas famílias de origem, sendo o casamento uma válvula de escape. Assim, podemos observar que por algumas gerações tivemos poucos exemplos saudáveis de casamentos, sendo esse um dos fatores que contribuem para o aumento das separações e da insatisfação conjugal da atualidade.

As pessoas que nos procuram para atendimento terapêutico geralmente trazem certa irritação com os defeitos "inesperados" dos companheiros, sendo normalmente essa descoberta o que gera o início das brigas e discussões do casal. A antiga crença que *depois que casar muda* é frequentemente confirmada pela maioria dos casais. Mas, será mesmo que muda? Será que não houve atenção suficiente para ver o que sempre esteve ali? Ninguém muda porque se casou; o que acontece é que a convivência diária revela o que muitas vezes nem se sabia possuir, e nem todos estão preparados para enfrentar juntos essa descoberta.

Como afirma Joanna de Ângelis[65] "Um dos fatores que se encarregam de produzir conflitos nos relacio-

---

65 FRANCO, Divaldo P. Pelo Espírito Joanna de Ângelis. *Encontro com a paz e a saúde*. Leal Editora.

namentos em geral e particularmente na área afetiva, é a imaturidade psicológica do indivíduo". Assim, os casais passam a viver a ambivalência afetiva característica das relações humanas: amor e ódio, atração e repulsa, afeto e aversão. E não pode existir expansão de consciência sem atrito entre forças opostas, pois seja no relacionamento, seja no próprio indivíduo, lidar com a sombra é parte importante do crescimento. O que acontece na maioria das relações é que, de forma imatura, espera-se viver a experiência do início apaixonante durante toda vida do casal, e isso é impossível, a não ser que ambos escolham a estagnação total da vida material, emocional e espiritual. É a ambivalência que pode proporcionar as variadas possibilidades de crescimento e troca existencial para o casal, desde que ambos estejam dispostos ao crescimento.

O que é curioso no comportamento conjugal é que, normalmente, os fatores que levam à separação apareceram no início da relação, mas não houve maturidade para lidar com esses fatores, ou mesmo se escolheu não os ver, como se isso causasse o seu desaparecimento. Quando uma pessoa vive o encanto inicial pela outra, o *ego* imaturo tende a afastar de si qualquer imagem que possa macular o seu estado de paixão, o que pode levar à ilusão de que o outro não possui defeito algum. Essa negação vai contribuir mais tarde para agravar as dificuldades da relação e terminar por destruir a base de sustentação.

Todos querem viver uma história de amor que garanta no final "e viveram felizes para sempre", semelhante ao que ocorre nas telenovelas e contos de fada. Contudo, não podemos e não devemos atribuir ao casamento a responsabilidade de resolver nossos problemas existenciais. Tampouco é "como acertar na loteria". Se formos maduros o suficiente saberemos que não é possível entrar no casamento sem levar na bagagem nossos próprios problemas e limitações, além, é claro, da certeza de que nossos companheiros igualmente possuem dificuldades, e que quanto menos nos conhecermos maiores serão as chances de que elas se somem durante a relação.

A busca inocente da felicidade gerada pelo casamento encontra-se mais enraizada naqueles que não são capazes de viver uma vida plena fora do casamento. Ingenuamente, a pessoa se ilude e sobrecarrega o outro em um padrão de exigência afetiva que se aproxima da crueldade. O outro é obrigado a realizar o que não somos capazes de fazer por nós mesmos, e essa tarefa não é possível, pelo fato de ser intransferível. Na relação com o outro, não podemos esquecer, como anota Linda Leonard, que "...as núpcias exigem nada menos que uma transformação pessoal (...) muitos de nós tivemos núpcias e casamentos formais que careciam do mistério da transformação. Tivemos a ilusão de núpcias, a cerimônia física e externa, mas não a união interior espiritual com o misterioso Outro".[66] Para união com outra pessoa, o ser deve ao

---

66 *No caminho para as núpcias*. Paulus.

menos estar na busca constante do melhor relacionamento possível consigo mesmo, pois a ausência de fator resulta em pano de fundo para muitos conflitos.

Esse é justamente o momento em que o casamento deixa de ser o que se esperava, quando o casal não atende mais às exigências imediatas um do outro, acarretando-se, inesperadamente, os primeiros obstáculos, pois a desilusão aparece. Agora o questionamento inicial é fundamental: O que motivou essa união?

Dependendo dos alicerces que fundamentam essa união, em alguns casos a separação é inevitável, mas enquanto existir sentimento, respeito e maturidade das partes, sempre será possível "começar de novo", não para viver a ilusão de serem "felizes para sempre", mas para construírem a felicidade possível e crescerem juntos na jornada da vida.

# 16
# SEPARAÇÃO E RECOMEÇO

*Não é na maneira como uma alma se aproxima da outra, mas na maneira como se afasta, que reconheço seu parentesco e afinidade com a outra.*

**Nietzsche**

Quando o casal toma a decisão de se separar, costuma mobilizar muitas dores, mesmo que tenha sido muito bem pensada, e por isso nem sempre se tem a sensação de alívio. E por que isso acontece?

Um ponto que não podemos esquecer é que a separação marca o fim de um vínculo profundo, e principalmente de laços emocionais e afetivos que de modo geral não são formados apenas pelo amor, mas pelos traumas e carências de ambos. Quanto mais tempo essa decisão for adiada, mais desoladora será a separação, podendo no final gerar muito sofrimento, incompreensões e ofensas.

É sempre importante lembrar que o casamento não significa uma amarra a que ambos os cônjuges devem manter-se atados, como nos lembra Joanna de Ângelis,[67] "...é claro que o casamento não impõe um compromisso irreversível, o que seria terrivelmente perturbador e imoral, em razão de todos os desafios que

---
[67] FRANCO, Divaldo P. Pelo Espírito Joanna de Ângelis. *Amor, imbatível amor.* Leal Editora.

apresenta, os quais deixam muitas sequelas, quando não necessariamente diluídos pela compreensão e pela afetividade."

O vínculo firmado pelo casamento é, depois do parental, o mais profundo na vida da pessoa, e uma vez rompido exige grande trabalho interior para recuperar o equilíbrio emotivo. E quando não se tem sucesso, transfere-se para o antigo cônjuge todo um arsenal de questões não resolvidas, tornando esse momento ainda mais difícil.

Perde-se longo tempo de refazimento tentando encontrar o culpado pelo ocorrido. Mas, como pode existir apenas um culpado quando estamos falando da relação de duas pessoas? É muito importante lembrar que tudo o que ocorreu no casamento teve um autor e um cúmplice, o que imediatamente nos leva a uma conclusão óbvia: a não ser em casos de matrimônio imposto, ambos se encontravam juntos no momento do sim, e, também no momento do não.

Talvez a culpa que mais torture as pessoas seja aquela voltada contra si mesmo, aquela que aparece justamente quando se percebe que muitas situações passaram do tempo de ser resolvidas por falta de atitude, que muitas palavras que deveriam ter sido ditas não foram, que muitos limites deixaram de ser dados no momento oportuno.

Quando não se encontra maduro o suficiente para lidar com tamanha frustração, assim como reconhecer a própria responsabilidade na relação, é possível que um dos ex-cônjuges se deixe levar pelo rancor, considerando o outro responsável por tudo o que deixou de realizar na vida. Afinal, como diz James Hollis, "...usar o relacionamento como fuga da jornada pessoal é deturpar o relacionamento e sabotar a própria missão."[68]

Será que falamos pouco sobre esse assunto porque guardamos no nosso íntimo a crença de que o fracasso do casamento significa o fracasso de uma vida inteira? O término de uma relação é o fim de um projeto de vida. E por mais dolorosa essa ruptura, ela e a própria relação não definem as partes envolvidas. E se as vidas se despedaçaram junto com a relação, algo estava realmente muito errado e precisava de medidas urgentes.

Esse é o momento em que a relação consigo mesmo deve prevalecer, aproveitando para buscar em si mesmo e na própria história as respostas que desesperadamente se espera encontrar fora. É importante reconhecer o quanto foram projetadas no cônjuge toda uma sobrecarga de carências, temores e exigências infantis, provavelmente há muito negligenciadas. Isso não apenas liberta do passado, mas ajuda a ressignificar o motivo do casamento, abrindo novas perspectivas para ambos.

O cuidado deve ser redobrado quando o casal tem filhos. É comum que sejam utilizados na forma de desculpas para manutenção da relação que já apresenta sinais evidentes de crise. Mas, o que será preferível, submeter os filhos a uma relação que não é

---

68 *O Projeto Éden*. Editora Paulus.

saudável, e, às vezes, tóxica em muitos aspectos, ou se esforçarem para, mesmo separados, comportarem-se feito adultos, no mínimo se respeitando pela condição comum de pais e mães? Não podemos esquecer a advertência de Jung:[69] "...a criança faz de tal modo parte da atmosfera psíquica dos pais que as dificuldades ocultas aí existentes e ainda não resolvidas podem influir consideravelmente na saúde dela (...) coisas que pairam no ar ou que a criança percebe de modo indefinido, a atmosfera abafada e cheia de temores e apreensões, tudo isso penetra lentamente na alma da criança, como se fossem vapores venenosos."

Por tudo isso, não esqueçamos de que o casamento tão almejado precisa acontecer primeiro dentro de cada um de nós. Ter uma relação plena, profunda e madura com outra pessoa exige que se tenha a mesma relação consigo mesmo, afinal, ensina Joanna: "O desafio do relacionamento é um gigantesco convite ao amor, a fim de alcançar a plenitude existencial."[70]

Que não percamos a esperança de que se é possível viver uma relação plena, saudável, madura e amorosa, mas que também saibamos, caso a separação seja necessária, esse pode ser o encerramento de um capítulo para a possibilidade de se escrever nova história.

---

69 *O desenvolvimento da personalidade*. Editora Vozes.
70 FRANCO, Divaldo P. Pelo Espírito Joanna de Ângelis. *O despertar do espírito*. Leal Editora.

# 17 ENTENDENDO A TRAIÇÃO

*Chega de tentar dissimular e disfarçar e esconder, o que não dá mais pra ocultar e eu não quero mais calar. Já que o brilho desse olhar foi traidor, e entregou o que você tentou conter, o que você não quis desabafar.*

**Gonzaguinha**

Tema muito presente nas relações humanas, a traição é causa de muitas dores e sofrimento, especialmente quando envolve relações de afeto ou amizade.

Para entender um pouco dos mecanismos psicológicos das traições é preciso atentar para alguns aspectos do comportamento. É típico do ser humano criar expectativas sobre o comportamento das pessoas, especialmente nos vínculos afetivos. No entanto, como todo indivíduo possui seu lado *sombra*, desconhecido do próprio indivíduo, esse é o primeiro ponto que nos impede de ter uma noção completa do outro com o qual nos relacionamos, que sempre poderá apresentar aspectos e comportamentos inesperados.

Por outro lado, também nós possuímos a *sombra*, que nos tolhe a visão sobre determinados aspectos pessoais. Essa sombra normalmente é projetada, fazendo com que muito daquilo que conseguimos perceber nos outros reflita aspectos que nos dizem respeito. Isso torna complexos os relacionamentos, pois as expectativas estão sempre recheadas de projeção e sombra, ou seja: não somos quem pensamos ser, bem como os outros, com os quais nos relacionamos, não são quem esperamos que sejam, nem tampouco quem pensam ser. Por conta disso, sempre haverá espaço para comportamentos e atitudes imprevisíveis nos relacionamentos humanos.

Além disso, a imaturidade psicológica e emocional contribui para que muitos dos aspectos destrutivos que se apresentam nas relações não recebam a devida atenção. Comportamentos agressivos, sejam verbais, emocionais ou mesmo físicos; comentários inadequados, silêncios e distanciamentos injustificáveis etc. muitas vezes são vistos como comportamentos normais dentro de relacionamentos, quando deveriam ser objeto de análise. Com o passar do tempo, esses gestos e atitudes não cuidados, que pareciam inofensivos, tornam-se altamente destrutivos, não raro sendo os fatores a desencadear traições e separações, que poderiam ser evitadas ou ao menos minimizadas, caso houvesse mais maturidade para lidar com esses comportamentos.

É importante destacar, ainda, que expressar e cuidar dos sentimentos e emoções não é algo muito exercitado e enraizado no comportamento, de uma forma geral, e que as resistências para lidar com tais experiências concorrem para que muitas feridas fiquem guardadas, repletas de mágoas e ressentimentos que contaminam as relações, abrindo campo para os conflitos que se estabelecem nos relacionamentos. Raivas não digeridas, afetos não expressos, expectativas não cumpridas etc. vão criando lacunas que, normalmente, conduzem ao distanciamento afetivo, e algumas vezes à traição.

O machismo, enraizado culturalmente, soma-se a esses fatores, alimentando a ideia destrutiva de que os do sexo masculino devem mostrar seu valor e "masculinidade" pela quantidade de relações que conseguem manter, pelas conquistas amorosas de que são capazes. Como contraponto, frequentemente, sem equilíbrio no comportamento e na razão, surgiu o que se chamou de "revolução sexual", que embora abrindo espaço para se tratar de certos tabus das relações humanas, encontrou indivíduos despreparados moralmente, que usaram a maior liberdade como justificativa às traições. A patologia da traição passou a ganhar "cidadania" e *status* de modernidade, lamentavelmente.

Somado a esses fatores, o ser humano é sempre alguém em construção e, portanto, susceptível a reformular seu jeito de ver e viver a vida, o que inclui seus vínculos afetivos. Apaixonar-se, mesmo estando vinculado a uma relação, pode acontecer ainda que não se deseje. A maneira de lidar com as paixões e vínculos afetivos em geral dependerá da maturidade e do valor moral do indivíduo.

Certamente, muitos outros aspectos encontram-se envolvidos no processo de traições, mas o importante é aprender a lidar com essa dor sem se render a ela, caso se passe por essa circunstância; melhor ainda, é possível transformar-se a partir dela, e, não se fechar ao amor e deixar de confiar nas pessoas, pois essa atitude demonstra que não se está apto a viver relações mais profundas e sinceras. Por mais difícil que possa parecer, somente o amor pode curar as feridas do sentimento.

Quando se é vítima de traição, algumas atitudes podem auxiliar a lidar com a dor e o sofrimento próprios dessa experiência:

1 - Se as traições estão recheadas de sombra e projeções, o trabalho com a sombra pessoal deve ser constante, a fim de nos preparar para perceber a nós mesmos da maneira mais cristalina possível. Isso exige maturidade e sinceridade para consigo, além de humildade para lidar com aspectos destrutivos que porventura possamos perceber. Essa atitude também nos ajuda a lidar com as expectativas não cumpridas em relação ao comportamento dos outros, pois à medida que ampliamos a percepção pessoal, diminuímos o campo de projeção.

2 - Aprender a tratar os temas que incomodam no momento que ocorrem, sem "deixar para lá", para que não se acumulem e se transformem em lixo emocional de difícil remoção. A mágoa e o ressentimento são sempre maus conselheiros e companheiros, e, tornam-se mais destrutivos se guardados por muito tempo.

3 - Prestar atenção aos sinais de que algo não está bem e se predispor a cuidar todas as vezes que esses mesmos sinais se apresentarem, minimizando assim a possibilidade de eventos indesejáveis.

4 - Não se render à dor da traição, se ela ocorrer, aprisionando-se no papel de vítima que tanto compraz aos imaturos. A traição é uma experiência dolorosa para quem vive, mas que pode levar a outras relações mais maduras e profundas, quando bem trabalhados os aspectos nela presentes.

5 - Preparar-se para o perdão, o que não significa, necessariamente, voltar à mesma relação. O perdão possibilita não ficar aprisionado ao outro e não dar à dor o poder de contaminar as relações futuras.

E o mais importante: abrir-se sempre ao amor, dar-se nova chance, reconstruir-se, visto que o ser humano é dotado de uma capacidade incrível de se renovar, mesmo nas dores mais acerbas e intensas. Recordar-se que Jesus também foi traído por um amigo próximo e mesmo assim escolheu amá-lo, para poder redimi-lo. Afinal, nós somos muito maiores do que qualquer mal que nos tentem fazer, pois na condição de filhos de Deus, a plenitude é a nossa meta, e nenhuma ocorrência deve ser capaz de reter nossa marcha rumo ao infinito.

# 18 AUTOTRAIÇÃO

*Eu ainda estou aqui.*
*Perdido em mil versões irreais de mim.*
*Estou aqui por trás de todo o caos.*
*Em que a vida se fez...*

Tiago Iorc

Muitos de nós crescemos acreditando que a traição é um dos maiores males a que o indivíduo pode passar. E essa crença se amplia quando se observa o poder de destruição da traição nas relações em que se fez presente: são lares desestruturados, casamentos arruinados, amizades desfeitas, sociedades destruídas e inúmeros outros exemplos que colocam esse tema em primazia ao se falar das dores humanas.

Nada obstante, sem tirar o peso da dor que a traição ocasiona, existe um problema que talvez seja ainda maior, e ainda pouco observado pela maioria dos indivíduos: a autotraição!

Às vezes, é difícil aceitar que somos nós mesmos que nos boicotamos, que atiramos no próprio pé, que sabotamos nossas melhores intenções e somos o maior empecilho à realização do nosso potencial. Será que isso é possível?

Para entender o mecanismo da autotraição é necessário compreender um pouco a própria personalidade. Conforme vimos, nós não nos conhecemos por completo. Existe uma parte oculta em nós, destituída de luz e de contato com a consciência, que Carl Gustav Jung chamou de *Sombra*. Todos os aspectos negligenciados ou não desenvolvidos pelo indivíduo vão compondo sua *sombra*. Quanto mais desconhecemos nossa personalidade, mais estreita se torna a nossa visão, fazendo com que nossas escolhas sejam feitas a partir de um poder de observação limitado.

Não tornar a *sombra* conhecida causa a nossa primeira e profunda autotraição: algo tolhe a nossa percepção, levando-nos a tomar decisões que se voltam contra nós mesmos, por terem sido influenciadas pelo lado sombrio de nossa personalidade.

Outro meio perverso de autotraição é se acomodar ao que os outros esperam de nós. A educação muitas vezes reforça esse comportamento, especialmente quando os pais são demasiadamente controladores e/ou castradores, não estimulando as crianças e jovens a aprenderem a tomar decisões e a arcarem com a responsabilidade das escolhas feitas. A criança conformada, acomodada, tende a se comportar de modo similar que o ambiente espera que ela se comporte, embora isso contrarie seus desejos internos. Para isso, faz uso da máscara, da *persona*. A *persona* é o contraponto da *sombra*: enquanto na *sombra* escondemos o que somos, na *persona* mostramos o que não somos, e pior, chegamos até a acreditar nisso.

Aquele que agrada demasiadamente aos outros desagrada a si mesmo. E isso é autotraição.

E se a *sombra* e a *persona* limitam o desenvolvimento de nossa personalidade, fazem também com que encaremos de forma imatura os desafios e as dores da vida. Afinal, quando refutamos o mal em nós, tendemos a buscar algum culpado. E ao não reconhecer a nossa parcela de responsabilidade na vida, também nos traímos. Pior quando isso nos compele a guardar mágoas e rancores, elementos tóxicos de nosso psiquismo e que, pouco a pouco, minam a esperança e fecham a porta a outras relações.

Quando não elaboramos as experiências da vida e guardamos emoções destrutivas, a nossa autotraição se amplia, levando a nos perder de nós mesmos.

É importante estar atento que, de certa forma, somos todos traídos e traidores. A nossa traição começa mesmo antes do berço, quando nossos pais nos imaginam e projetam o que gostariam que fôssemos. Como lembra Jung: "O maior peso que uma criança conduz é o da vida não vivida de seus pais". E essa "traição" nos acompanhará durante a existência, pois serão muitos aqueles que frustrarão nossas expectativas quanto ao seu comportamento e atitude. Isso se dá porque, na sua imaturidade, o *ego* idealiza o outro a partir de suas próprias projeções. Por isso, frequentemente, não é o outro que nos frustra, apenas demonstra não ser aquilo que imaginávamos que fosse.

Ademais, somos "traidores", porque em muitas ocorrências não cumpriremos as expectativas que os outros têm a nosso respeito. Isso é positivo quando essa "traição" está a serviço da alma, e então seguimos os nossos propósitos conectados com a verdade interior, independentemente do caminho que os outros imaginam para nós.

Não há outra saída do círculo vicioso da autotraição senão o mergulho interior. Reconhecer as máscaras que usamos e que nos asfixiam, permitindo-se mostrar as faces ocultas, ou seja, trazendo a *sombra* à luz da consciência, é um grande passo para libertação da traição para conosco.

Ao mesmo tempo, cicatrizar as dores de relações negativas, percebendo que o "encontro de sombras", a própria e a do outro, sempre traz dores como consequência. O entendimento, a compreensão e o perdão auxiliam o indivíduo a se libertar do passado e a viver de forma consciente o presente.

E ainda que outros traiam as nossas expectativas e afetos, isso não será valorizado excessivamente no momento que deixarmos de nos trair, porquanto o nosso contato íntimo com o *self*, o *Eu Profundo* que somos, nos gratificará tão intensamente, que prontamente nos libertaremos para viver outras experiências, aprendendo até mesmo com as dores a nos conhecer e amar mais profundamente.

# 19
# DESAFIOS DO *HOMO TECNOLOGICUS*

> *Criar meu website, fazer minha home-page; com quantos gigabytes, se faz uma jangada um barco que veleje? ...Que veleje nesse info-mar, que aproveite a vazante da info-maré, que leve meu e-mail até Calcutá, depois de um hot-link num site de Helsinque para abastecer.*
>
> Gilberto Gil

Temos vivido dias de intenso avanço tecnológico, que dentre outras coisas modificou bruscamente o meio de comunicação e as relações humanas. As redes sociais, antes restritas a grupos específicos, popularizaram-se em velocidade impressionante, alcançando até mesmo àqueles que tinham resistências, porquanto o que era luxo passou a ser visto como necessidade: pessoal, profissional e social.

Não somente o *Facebook*, mas demais aplicativos interativos como o *WhatsApp*, *Instagram*, *Twitter*, dentre outros tornaram-se amplamente utilizados. Será que existe algum mal nisso?

O meio tecnológico que utilizamos não é um mal em si mesmo, porquanto somente se torna intermediário daqueles que lhe fazem uso. Por conta disso, todos os avanços podem estar a serviço tanto do bem quanto do mal. Mas, a questão traz de volta a reflexão pessoal, pois devemos nos atentar para a forma como temos utilizado os meios extraordinários a nós disponíveis.

Tempos atrás fui inserido – sem que tivesse solicitado – em um desses grupos de amigos. E tendo deixado o aparelho celular no silencioso, enquanto atendia a uma paciente, tomei um susto ao verificar, uma hora depois, que constava o aviso de "257 novas mensagens", incluindo vídeos e áudios, sendo grande parte de material que para mim não trazia qualquer interesse, ou algo edificante que justificasse ocupar o tempo que tinha.

Ao consultar alguns amigos a respeito, verifiquei que não estava isolado nesse movimento, e que outras pessoas também passavam por situações embaraçosas, por estarem envolvidas em grupos familiares aos quais se sentiam obrigadas a permanecer. Mas, somos mesmo "obrigados" a participar de tudo isso?

Devemos sempre ter em conta que nossa obrigação maior é com a consciência, com o nosso progresso psicológico e espiritual, e em tudo o que participamos não podemos perder isso de vista. Claro que podemos (e devemos) ter momentos de lazer e descontração, que aliás favorecem nossos esforços, mas isso não deve se transformar em algo a escravizar a consciência e a bombardear os sentidos. Se nos obrigamos a ver todos os vídeos que nos enviam, a ler todas as mensagens, a responder a tudo o que nos solicitam e a participar de todos os grupos, nós nos tornamos escravos da demanda do outro e além do mais perdemos contato com o que os nossos sentidos interiores nos solicitam. Fora isso, temos de estar atentos ao que o sociólogo Zygmunt Bauman nos ensina ao apresentar seu conceito de Modernidade Líquida, em que a velocidade das mudanças que se apresentam não permite que o indivíduo acompanhe sua fluidez, perdendo-se muitas vezes na finalidade das coisas. Como esclarece o autor "...nossas instituições, quadros de referência, estilos de vida, crenças e convicções mudam antes que tenham tempo de se solidificar". Aproveitando-se da alienação dos indivíduos, que não conseguem se adaptar perante a velocidade das mudanças, grandes redes monitoram e influenciam comportamentos, padrões de consumo e até mesmo constroem crenças de acordo com seus interesses.

As relações humanas também ganham novas configurações. São amigos que nunca se conheceram pessoalmente, namorados que nunca se encontraram e seguidores que normalmente se odeiam. Aplicativos se propõem a encontrar o par ideal, e muitos se arvoram nessa empreitada. Não vejo problema em utilizar a tecnologia para diminuir distâncias, um aspecto bastante positivo, mas ao negligenciarmos determinadas funções humanas (que se complementam no olhar, no toque, no abraço e nos mínimos gestos corporais), a empatia, a função que nos conecta profundamente aos sentimentos e à própria intuição ficam comprometidas, podendo nos colocar em riscos desnecessários.

Ademais, nosso aparelho psíquico, nesses tempos modernos, recebe altíssimo volume de informações e estímulos, que sem nos dar conta alteram nosso estado emocional, lançam no organismo uma carga de estresse intensa e, nos casos mais graves, ocasionam comportamentos doentios, catalogados nos transtornos de ansiedade, incluindo as compulsões de verificação de mensagens, o que nos leva a concluir que não podemos nos desconectar um minuto sequer. Fora isso, as autoridades confirmam inúmeros acidentes de trânsito por conta de incautos que não conseguem respeitar os códigos de convivência social e não conseguem se desligar nem mesmo enquanto dirigem. A alienação nos afeta e afeta aos outros, de forma desastrosa.

O que fazer então, perguntou um paciente certo dia: "Nos alienar, nos isolar do mundo em que vivemos?". Certamente que o isolamento não é solução, porquanto na condição de seres sociais somos convidados a participar do contexto coletivo e auxiliar no seu desenvolvimento. Mas, isso não retira o nosso senso crítico e livre-arbítrio, que devem estar ainda mais aguçados nesses *Tempos Modernos*. Utilizar-se da tecnologia, mas não se escravizar a ela. Estipular limites em que a participação em grupos e a disponibilidade *online* sejam toleráveis e saudáveis. Reciclar os conteúdos e fazer crivos para selecionar aquilo que deve fazer parte de nossas vidas.

Quanto ao grupo em que fui incluído, das "257 mensagens em 1 hora", mandei um abraço aos amigos, deixei meu contato e me despedi, pois não conseguia acompanhá-los no ritmo que seguiam. E em outros que continuei a participar, estabeleci acordos de uma convivência saudável: não propagação de pessimismo, ou troca de agressões, nem ironia de baixo nível, pois disso a humanidade está farta. O *homo tecnologicus,* como é denominado por alguns especialistas, é chamado a se desenvolver fazendo uso das novas tecnologias, mas sempre de maneira lúcida e consciente, de modo que sejam instrumentos para o desenvolvimento do espírito, esse sim, impostergável e primordial para a humanidade.

# 20 EXPLORANDO JÚPITER, VÊNUS E MARTE

*Oh! Oh! Seu moço! Do Disco Voador,
me leve com você, pra onde você for.
Oh! Oh! Seu moço! Mas não me deixe aqui,
enquanto eu sei que tem tanta estrela por aí.*

Raul Seixas

No mês de dezembro do ano de 2015 a JAXA, agência espacial japonesa, anunciou a chegada da sonda Akatsuki – que significa "Aurora" a Vênus, visando colher informações mais precisas sobre a estrutura e composição da "Estrela d'Alva", nome pelo qual é chamado o planeta por conta de seu brilho no céu terrestre. Vênus é a equivalente romana da deusa grega Afrodite, arquétipo do amor, da beleza e da união para os helenos, muito embora sua imagem tenha sido deturpada e limitada ao erotismo em algumas interpretações.

Alguns meses antes, o robô *Curiosity*, em um projeto da NASA, havia apresentado imagens extraídas do planeta Marte, denominação romana para o deus da Guerra, conhecido pelos gregos como Ares. Esse deus é o símbolo arquetípico das forças de destruição, da belicosidade humana, porquanto nas narrativas mitológicas estava sempre nos campos de batalha, a despeito da causa à qual estivesse a serviço.

Sem desejar adentrar a interpretações astrológicas ou astronômicas, é no mínimo curioso notar que o ser humano da era moderna do mesmo modo necessite explorar mais a fundo essas duas expressões tão intensas, o Amor e a Guerra, para poder tornar a vivência humana mais significativa.

Pelo que se pode constatar na observação dos noticiários diários, a pulsão de Ares ainda se apresenta de forma muito destrutiva. A agressividade ainda é parte expressiva do comportamento humano, demonstrando que ainda somos dominados pelos instintos, nada obstante o desenvolvimento da razão e da inteligência. Ares apresenta-se no cotidiano das cidades, no trânsito, nos relacionamentos e na violência que se espalha como vírus, veiculada em grande escala e aplaudida muitas vezes como solução para a própria violência que se vive. Programas e expressões nos campos da arte, da música, do cinema e da literatura, dentre outros, que deveriam estar voltados ao engrandecimento dos valores e princípios, exploram a tendência doentia ao comportamento destrutivo, e preocupados muito mais com audiência e retorno financeiro do que com valores, tornam-se *best sellers* com velocidade impressionante, utilizando o seu poder de multiplicação de veiculação sem qualquer preocupação com a ética, com o nobre e com o belo.

Enquanto isso, os cidadãos costumam reclamar da violência e tentam transferir somente ao Estado a responsabilidade do caos que se apresenta, esquecendo-se muitas vezes de cuidar desse lado sombrio em suas próprias fronteiras emocionais. Não conhecendo a si próprio, desconhecendo as próprias emoções, o indivíduo reage, quando deveria agir para modificar os panoramas da realidade terrestre. E o que é pior, a violência ganha cidadania e *status*, quando deveria ser cuidada para que na sua polaridade transformadora a raiva fosse administrada pela razão, não transformada em ódio gratuito que termina por atingir a tudo e a todos.

Temos a urgência de nos perguntar, para não cair nas armadilhas de Ares: "Contra o que e contra quem estamos guerreando?". "Para onde canalizamos o nosso poder destrutivo?". A raiva é uma emoção humana – por isso todos a sentimos – que deve ser nossa conhecida a fim de aprendermos a lidar com ela. Já dizia sabiamente Aristóteles: "Qualquer um pode zangar-se – isso é fácil. Mas zangar-se com a pessoa certa, na medida certa, na hora certa, pelo motivo certo e da maneira certa – não é fácil". Por essa razão, explorar e conhecer o nosso *Ares* interno é de extrema importância no momento desafiador que vivemos, para que o nosso encontro com *Vênus*, a Afrodite representativa do Amor, seja mais significativo.

Infelizmente, a nobre expressão do amor tem sido negligenciada e seguidamente confundida com erotismo, tal qual ocorreu com a imagem da deusa Afrodite, ou então com ciúmes e tentativa de controlar o outro, o que é mascarado com o nome de "cuidado". Derrapando para a sensualidade descomprometida, ou para o controle exacerbado, o ser humano mantém-se vinculado aos impulsos instintivos apenas, quando poderia e deveria dar saltos mais altos, para que pudesse alcançar as expressões mais profundas do sentimento sublime. O mal não são os instintos em si, pois eles são parte da evolução humana e nos auxiliaram a chegar no grau de desenvolvimento que nos encontramos. O problema é ser prisioneiro dos instintos quando já possuímos possibilidade de nos libertar ou de administrá-los de forma mais sábia.

Explorar "Vênus" significa nos libertar dos conflitos que impedem a livre manifestação do amor. Cuidar das feridas afetivas, da criança abandonada, das traições e de outras dores que porventura tenham magoado o nosso sentir, libertando o caminho para que a energia intensa do amor não encontre reservas ou retenções, e nos possibilite expressar essa força curadora em sua inteireza. Já dizia o sábio poeta Sufi, Rumi: "Tua tarefa não é buscar o amor, mas simplesmente buscar e encontrar dentro de ti mesmo todas as barreiras que tenhas construído contra ele."

Exemplos para tal não faltam, na vida dos grandes expoentes religiosos tais quais Buda, Francisco de Assis, Madre Teresa de Calcutá, dentre outros, bem como os anônimos que todos os dias se vinculam com compaixão e solidariedade ao próximo, tornando mais amenas suas dores e auxiliando a transformar o mundo em um lugar mais profundo na vivência dos sentimentos. Não é à toa que o maior desses exemplos, o Mestre Jesus, conclamou-nos a amar em profundidade, *a Deus acima de todas as coisas, e ao próximo como a nós mesmos.*

Seguindo a trajetória na exploração do Universo, em setembro de 2016 a sonda Juno (Hera para os gregos) enviava as primeiras imagens do planeta Júpiter (equivalente de Zeus). Zeus é o regente do Olimpo, e na avaliação psicológica, o representante do arquétipo da totalidade – o *self* ou *si mesmo*. O *self* é nossa voz interior, nossa alma, uma voz interna de sabedoria que nos guia para escolhas mais apropriadas e profundas. Visa ao desenvolvimento do ser como um todo, não apenas para o sucesso externo e os prazeres, tão ao gosto do *ego*, mas para uma vida significativa. Explorar Júpiter é explorar a si mesmo, retornando ao velho preceito apresentado por Sócrates, acerca da sabedoria, no templo de Delfos, que apontava o autoconhecimento como caminho para uma vida plena.

Por isso mesmo, enquanto nos espantamos com a crescente capacidade humana de explorar o Sistema Solar, desvendando enigmas do Universo, ficamos a nos perguntar quando é que, ao lado das conquistas da ciência e da tecnologia, finalmente teremos a capacidade de explorar o nosso mundo íntimo, vasculhando a sombra que ainda predomina em nosso comportamento e fazendo despertar a força do amor, a única capaz de curar os males que se apresentam no indivíduo e na sociedade.

Esse momento que vivemos na Era Moderna nos faz recordar a poesia de Carlos Drummond de Andrade, que em sua pena inspirada e com grande presciência nos apresentou:

"...Vamos para Marte – ordena a suas máquinas.
Elas obedecem, o homem desce em Marte.
Pisa em Marte.
Experimenta.
Coloniza.
Civiliza.
Humaniza Marte com engenho e arte.
Marte humanizado, que lugar quadrado.
Vamos a outra parte?
Claro: – Diz o engenho.
Sofisticado e dócil.
Vamos a Vênus.
O homem põe o pé em Vênus.
Vê o visto: – É isto?
O homem funde a cuca se não for a Júpiter.
Proclamar justiça junto com injustiça.
Repetir a fossa.
Repetir o inquieto.
Repetitório...
Ao acabarem todos.
Só resta ao homem.
(Estará equipado?)
A dificílima dangerosíssima viagem.
De si a si mesmo.
Pôr o pé no chão.
Do seu coração.

Experimentar.
Colonizar.
Civilizar.
Humanizar.
O homem.
Descobrindo em suas próprias
inexploradas entranhas.
A perene, insuspeitada alegria.
De con-viver."[71]

---

[71] ANDRADE, Carlos Drummond. Trecho do poema *O homem; as viagens*.

# 21 CURTIR E COMPARTILHAR

*Olhe! Não venha me mostrar o que você não vê. Não venha me provar o que você não crê. Não tente se enganar.*

Vander Lee

*Curtiu?* 👍

Quem é que não se deparou com algum sinal de *curtiu* ou pelo menos *compartilhou* algo nos últimos tempos?

Creio que poucos, pois essas duas expressões passaram a fazer parte do nosso vocabulário de forma cada vez mais intensa. De certa forma, isso tem se intensificado devido à quantidade de informações e estímulos diários que recebemos, que impulsionados pelas novas tecnologias disponíveis vêm crescendo de forma vertiginosa ano a ano.

Um aspecto que tem seu lado positivo, pois temos acesso a informações, quase instantaneamente, o que possibilita ficarmos *conectados* ao que ocorre não somente nos nossos limites geográficos, mas de certa forma no mundo.

No entanto, a quantidade nem sempre possui conexão com a qualidade. E, infelizmente, o processo educativo parece não ter acompanhado o desenvolvimento tecnológico na mesma proporção. Isso ocasiona distorções preocupantes, pois se não somos capazes de separar o que é importante do que é descartável, do que pode fazer bem ou ser nocivo, nós nos tornamos acumuladores e propagadores de *lixo virtual*, dissociados do que efetivamente tem valor e apegados ao que deveríamos nos libertar.

Precisamos sair dessa condição alienada e nos reconectar ao que tem valor verdadeiro, e talvez os dois verbos da *moda* possam nos ajudar, se refletirmos a respeito de seus significados verdadeiros.

O *curtir* não pode ser algo passageiro, desconectado de nossas emoções e percepções profundas. Deve estar integrado aos nossos sentidos. Por isso, é importante perceber nossas emoções, de modo a não ser apenas levados pela onda dos que curtem apenas porque "todo mundo curte".

Recordo-me de uma passagem do filme/livro autobiográfico "Comer, Rezar e Amar",[72] quando uma amiga da protagonista, estando em um lugar de rara beleza e tirando fotos e mais fotos, disse a ela que "não via a hora de retornar àquele mesmo lugar no ano seguinte, para tirar novas fotos e postar na sua rede social...". E isso que deveria ser um absurdo, lamentavelmente é realidade para muitas pessoas, visto que parece ser mais importante mostrar aos outros os lugares onde estivemos (ou melhor, onde o nosso corpo passou) do que efetivamente *curti-los*, vivê-los e senti-los. É comum, infelizmente, acompanhar pessoas em *shows* e espetáculos preocupadas com os re-

---

72 GILBERT, Elizabeth. *Comer, rezar, amar*. Editora Objetiva.

gistros que seus aparelhos captam, enquanto elas mesmas parecem não estar presentes no momento.

Joanna de Ângelis, ainda nos anos 90, já se preocupava com a questão, conforme apontou: "Há uma terrível preocupação para ser visto, fotografado, comentado, vendendo saúde, felicidade, mesmo que fictícia. A conquista desse triunfo e a falta dele produzem solidão".[73] E sua previsão confirmou-se, pois verificando os alarmantes índices da depressão, constatamos que a criatura humana perdeu o endereço de si mesmo, ainda que *acompanhada virtualmente* por inúmeros amigos.

Para solucionar a questão o ser humano é convidado a visitar com mais frequência o seu mundo interno, de modo a conhecer e desenvolver as suas fontes de percepção. Alimentar menos a *persona*, a aparência e ir ao encontro da essência que somos, que aos poucos vai ficando esquecida enquanto *curtimos* as coisas sem verdadeiramente as vivenciar.

E isso nos leva a questionar outra importante expressão do ser: o *compartilhar*. *Compartilhar*, ou seja, dividir com outro uma experiência, requer que a tenhamos vivenciado em profundidade. Somente assim o que dividimos com o outro é real.

O ser humano é um ser social, que necessita do outro para crescer e se desenvolver. Aprendemos inúmeras coisas porque muitos, antes de nós, puderam viver experiências e as dividiram conosco de alguma forma.

---

[73] FRANCO, Divaldo P. Pelo Espírito Joanna de Ângelis. *O homem integral*. Leal Editora.

Isaac Newton foi feliz quando disse que havia descoberto coisas importantes porquanto *havia subido em ombros de gigantes*, referindo-se aos antecessores que abriram caminho às suas descobertas. E quem nunca precisou *subir em ombros de gigantes?* Todos o fizemos para chegar aonde chegamos.

Mas, vale recordar que nem tudo deve ser compartilhado. Algumas vezes há o desejo doentio de passar adiante os *lixos* que recebemos, sem passar pelo crivo do bom-senso, como se o mais importante seja apenas divulgar em primeiro lugar, independentemente de qual seja o conteúdo de nossa mensagem. Há muitas informações que não devem ser levadas adiante, bastante material em todo tipo de mídia que deveria ser descartado, e, não povoar a nossa vida consciente e inconsciente, como fonte geradora de conflitos e transtornos variados.

A doença da divulgação em massa alcança tal monta que algumas das famosas *correntes,* no afã de ser levadas adiante, chegam a estabelecer *maldições* àqueles que não as retransmitirem!!! Essas, seguramente, não merecem seriedade.

A facilidade de criação de canais de transmissão promove sua multiplicação, avançando nas mais diversas correntes religiosas, incluindo as vertentes espiritualistas e espíritas. Claro que nos recordamos das advertências de Emmanuel, que através de Chico Xavier disse que: *a maior caridade que poderíamos fazer à Doutrina Espírita seria sua divulgação.* Mas, será que a sua divulgação pode estar dissociada da preocupação com o conteúdo e com a conduta daqueles que promovem a transmissão de conteúdo? Certamente não, senão seremos hipócritas em pregar o que não cultivamos em nossas vidas. Recordo-me de um lamentável comentário de um divulgador espírita ao dizer que estava feliz pelas perguntas estarem "bombando" em seu canal, muitas a respeito de um desastre coletivo que havia ocorrido recentemente. Não teve sequer o respeito pelas vítimas do acidente e seus familiares, pois a propagação do canal e a multiplicação de seguidores mostrava ser mais importante.

Cada coisa tem o seu ambiente e momento propício. Algumas experiências necessitam ser amadurecidas, antes de serem levadas a outras pessoas, sob pena de diminuí-las no que tem de profundidade. Jesus falou disso com maestria, quando disse que não deveríamos *jogar pérolas aos porcos*.[74] Na atualidade, parece ocorrer algo pior que isso, que é vender na condição de pérolas o que se deve "jogar aos porcos".

Mas, sendo importante repartir questões importantes e conteúdos edificantes, levemos adiante com alegria e bom-senso, pois outros aprenderão a partir de nossas vivências. Essa expressão é importante para sairmos do egocentrismo em que nos encontramos, e através da alteridade se dar conta do outro, valorizando sua presença e assim, juntos, poderemos crescer.

Portanto, que nesses tempos da era virtual possamos viver muitas experiências reais e enriquecedoras, *curti-las* no verdadeiro sentido da expressão, perce-

---

74 *Evangelho de Mateus* 7:6.

bendo-as com as fontes de percepção interna de que fomos dotados pela vida, para percebê-las na plenitude dos sentidos.

E sendo importante divulgá-las, que possamos *compartilhar* com o maior número de pessoas possível, de sorte que outros aprendam com nossas experiências. Que esse *compartilhar* inclua doar e doar-se à vida, como forma de dividir sentimentos, percepções e olhares, visando ao enriquecimento de nossa existência na Terra.

*Curtiu?* 👍

Então sinta, viva, reflita, e se achar importante *compartilhe* a essência da vida com todos ao seu alcance.

# 22

# SOBRE A CALÚNIA

*Mesmo que sejas
tão puro quanto a neve,
não escaparás à calúnia.*

**William Shakespeare**

Encontramo-nos em processo de evolução, o que implica estarmos sujeitos às injunções herdadas de nossas experiências transatas, tanto dos seus conteúdos bons quanto dos maus, pela própria condição do planeta (de provas e expiações a planeta de regeneração).

Devido ao largo período de predominância dos conteúdos de natureza primitiva, esses se fixaram nos hábitos morais, mantendo-nos em estado de defesa agressiva, que contamina e alimenta as nossas emoções, e em estado egoico, provocando o distanciamento do *Si mesmo*.

Com isso, ainda cedemos lugar aos apelos inferiores, abrindo mão dos que proporcionam ascensão espiritual. Dentre eles lideram o orgulho, a inveja, o ressentimento, a agressividade, a mentira e a calúnia. Caluniar consiste em difamar, fazer acusações falsas.

E se refletirmos bem, quem é que nunca foi vítima e por vezes algoz da calúnia?

Afirmativas como "onde há fumaça há fogo", em verdade, são armas utilizadas pelos caluniadores. O correto é: "Onde há fumaça há um caluniador". Para bom entendedor, quem está sendo exposto não é o caluniado, mas sim o caluniador – revela-se e desvenda um interior conflitado, um *ego* atormentado. Por essa razão, conforme estabelece André Luiz na obra *Os Mensageiros*, "...a calúnia é um monstro invisível, que ataca o homem através dos ouvidos invigilantes e dos olhos desprevenidos."

Com os modernos meios de comunicação, que ampliam as possibilidades de expressão e alcance de pessoas antes anônimas, a questão se torna ainda mais grave. Surgiram os termos "haters" e "trolls", da língua inglesa, para definir os que destilam o ódio e a calúnia nas redes sociais, ou que vivem a pregar peças nos outros, escondendo-se, na maioria das vezes, por trás de perfis falsos. A falta de consciência por parte dos receptores de notícias é um campo aberto para o discurso de ódio ou calunioso cumprir seus efeitos perversos, destruindo biografias, atingindo reputações, propagando notícias sem qualquer fundamento e disseminando os mais diversos tipos de preconceito, com consequências desastrosas para indivíduos e coletividades.

Na análise de Zygmunt Bauman, "...as pessoas parecem colocar para dormir a razão e a moral, deixando sem rédeas as emoções que normalmente são controladas (...) e (embora) a *internet* não seja a causa do crescente número de internautas cegos e surdos, ela facilita e alimenta de maneira notável esse crescimento".[75] O grande problema é que os caluniadores modernos encontram ressonância naqueles que se comprazem na violência, no ódio a qualquer preço, que moralmente se lhes associam.

Mas, por que isso ainda é possível? Se somos muitos os homens e mulheres que buscamos um contato maior com Deus, que buscamos a espiritualidade e a espiritualização, nos dedicamos ao bem e fazemos caridade, será que temos que nos deparar com a calúnia e tantos outros sentimentos e emoções inferiores? É que o caminho para o autoencontro passa pela integração de nossa própria sombra, e na tentativa de fazer o bem nos deparamos com o mal ainda existente em nós e nos outros. Isso nos faz recordar as reflexões do Apóstolo Paulo: "Com efeito o querer está em mim, mas não consigo realizar o bem. Porque não faço o bem que quero, mas o mal que não quero esse faço."[76]

Mas para vencer esses impulsos, no tocante à calúnia, é importante conhecer algumas de suas causas, igualmente os mecanismos para dela nos precavermos.

---

75 BAUMAN, Zygmunt. *Internet*: o ódio que suspende a ética. Disponível em: http://www.ihu.unisinos.br/551291-internet-o-odio-que-suspende-a-etica-artigo-de-zygmunt-bauman.

76 *Romanos* 7:18-19.

## CAUSAS DA CALÚNIA

Toda vez que o indivíduo se sente ameaçado em sua fortaleza egoica, é dominado pela inveja e ataca o seu suposto adversário. Se fosse uma pessoa honesta falaria diretamente, não se utilizando da calúnia.

Por se sentir bem na condição que se encontra, não deseja permitir que o outro alce voo, usa assim da calúnia contra o suposto inimigo utilizando de certos meios: gera dificuldades no trabalho, cria desentendimentos à sua volta, produz campanhas difamatórias e não percebe que assim preserva a própria inferioridade.

## RESISTÊNCIA À MUDANÇA

De maneira consciente ou inconsciente a pessoa permanece em ociosidade mental e moral, fixando-se no suposto inimigo, retroalimentando-se com a própria insânia.

Por causa da resistência não aceita esclarecimentos, não admite que outra pessoa esteja em melhor condição emocional que ele.

Autovaloriza-se e autopromove-se, consequência do complexo de inferioridade, necessitando diminuir o outro para se sentir melhor.

As qualidades morais do outro acionam a sombra do caluniador.

## COMO PROTEGER-SE DA CALÚNIA

- Não fique aflito; lembre-se que a calúnia é uma falsa verdade.

- Não prove desse veneno, pois se reservar espaço mental, a calúnia perturbará suas emoções ativando assim seus complexos, e como ensina Mark Twain, "...nunca discuta com um ignorante. Ele te rebaixará até o nível dele e te vencerá por experiência."

- Na calúnia, muitas vezes, existe uma tentativa do caluniador de projetar a própria imagem, utilizando-se da pessoa que ele tem como inimigo.

- Se a sua conduta é correta, se não agride a sociedade, não fere ninguém, continua sem temor nem sofrimento na realização daquilo que considera importante para a sua existência.

- Desminta a calúnia com seus atos de amor e bondade. Crescendo e iluminando-se.

Que seja a sua postura aquela que nunca revida o mal com o mal, nem acusações com acusações, permaneça então em comunhão com o Cristo e como Ele mesmo nos advertiu: "Seja, porém, a tua palavra: Sim, sim; não, não."[77]

---

[77] Para aprofundar o tema, sugerimos a leitura do capítulo "Reflexões sobre a calúnia", do livro *Liberta-te do mal*, de Joanna de Ângelis (Divaldo Franco), editora Ebm e o Evangelho de Mateus 5.37.

# 23
## POR UM POUCO MAIS DE GENTILEZA

*Nós, que passamos apressados pelas ruas da cidade, merecemos ler as letras e as palavras de gentileza. Por isso eu pergunto a você no mundo, se é mais inteligente o livro ou a sabedoria. O mundo é uma escola; a vida é o circo; amor: palavra que liberta. Já dizia o profeta.*

Marisa Monte

Quando a gentileza se torna exceção, um sinal de alerta deve ser emitido, pois a convivência humana encontra-se em risco. É digna de nota e preocupação a falta de tato de muitas pessoas para lidar com outras, algo que, infelizmente, tem se tornado comum nas relações humanas. Comportamentos rudes, falas ácidas, desrespeito e falta de gentileza vão se intensificando, até mesmo nos meios religiosos, que deveriam ser parte da cura, não da doença. O pior é que, de tão usual o comportamento, alguns indivíduos nem se dão conta de que agem de forma hostil, sendo tomados de surpresa quando são alvo de críticas por seu meio de se expressar, ou quando os outros tendem a deles manter certo distanciamento.

Na condição de ser social, encontra-se ínsita no ser humano predisposição biológica, psicológica e espiritual para que busquemos o convívio com o outro. Ainda que não queiramos ou que tentemos ser indiferentes, o outro nos afeta muito mais do que possamos perceber. As dores e alegrias, sucessos e reveses dos que nos cercam encontram em nós ressonância. Isso ocorre porquanto, como bem estabelece Daniel Goleman:[78] "...somos dotados de um 'cérebro social', um tipo de 'wi-fi neural', pronto a captar as reações dos que estão ao nosso redor." Esse cérebro social, de acordo com o eminente psicólogo: "...inclui um grande número de circuitos, todos projetados para nos harmonizarmos e interagirmos com o cérebro de outra pessoa."

Investigações de neurocientistas renomados, como Dr. Richard Davidson, formado na Universidade de Harvard, puderam comprovar essa realidade em experimentos realizados com voluntários que se predispuseram a ser monitorados em suas atividades cerebrais, enquanto acompanhavam uma tela que projetava cenas de diversas pessoas passando por momentos de dor, alegria, medo, pavor, desafios etc. Os resultados demonstraram que as áreas cerebrais ativadas nas ocorrências eram idênticas às de quando o próprio indivíduo passava por circunstâncias equivalentes. Isso mostra que a dor do outro se torna a nossa dor; assim como sua alegria, de certa forma, também possui um correspondente interno. Quando tal ocorrência não se dá harmonicamente, como o processo evolutivo nos habilitou, significa que estamos incursos em alguma ocorrência patológica, de maior ou menor grau, e que devemos cuidar das expressões emocionais e sociais.

---

78 *O cérebro e a inteligência emocional*. Editora Novas Perspectivas.

Vários fatores são responsáveis por essa patologia da convivência humana, que vai afastando a gentileza de nossa forma de ser habitual. A falta de educação doméstica tem papel relevante nesse contexto. Quando nossos modelos afetivos iniciais não estão atentos a alguns cuidados importantes na convivência entre si e com as demais pessoas do convívio, o modelo de relação fica prejudicado desde sua base. Discussões acerbas, agressões gratuitas e críticas feitas indevidamente tornam-se o palco em que muitas crianças fazem seu (equivocado) aprendizado emocional e que repetirão, ainda que inconscientes, aquilo que se tornou habitual na relação com o outro. Além disso, os preconceitos sociais se somam a esse quadro, criando em alguns indivíduos a ilusão de superioridade, em especial àqueles que "nasceram para lhe servir", e que por isso não merecem tratamento digno.

A visão estreita da vida e a falta de significado existencial também geram reflexos negativos em nosso comportamento, porquanto ao limitarem a existência para a satisfação dos objetivos egoicos, impulsionam o individualismo e a competitividade, a partir dos quais o outro passa a ser visto como um concorrente, que precisa ser derrotado para obter êxito. Armados no complexo de superioridade, na ilusão de que temos de ser superiores a qualquer custo, a gentileza vai sendo relegada para segundo plano, pois é vista como fraqueza. O pessimismo reinante dos dias atuais termina por completar o quadro negativo, levando as pessoas, movidas pelo medo e ansiedade, a se armem umas contra as outras, quando, na observação de Joanna de Ângelis, deveriam estar mais atentas ao mandamento sublime de "amarem umas às outras".

 Felizmente, existe remédio para o quadro que verificamos, de fácil aplicação e disponível a todos quantos desejem aprimorar a arte de conviver – viver com... Pode começar nas atitudes simples: "por favor", "por gentileza", "muito obrigado", "me desculpe", dentre outras, expressões que possuem o poder "mágico" de nos aproximar do outro, sem alimentar a reatividade. Um sorriso amistoso ajuda a desarmar o outro, minimizando contratempos. A terapêutica complementa-se quando evitamos atitudes impulsivas, dando uma pausa para respirar e refletir, sempre que possível, em vez de reagir instintivamente perante os desafios. Esse exercício possui razões biológicas, pois ao respirar, como vimos em capítulo prévio, ganhamos tempo para que o neocórtex, a área nobre do cérebro, entre em ação, fornecendo-nos um panorama mais amplo do que estamos enfrentando no momento. Há muito mais arrependimento daqueles que foram agressivos quando poderiam ter tido uma atitude amistosa do que o oposto. E mesmo entre aqueles que tiveram uma atitude gentil e se arrependeram, pelo retorno negativo recebido, temos de considerar que nunca se sabe quais seriam as consequências se tivessem revidado ou agido impulsivamente, o que na maioria das vezes resulta desastroso para as partes envolvidas.

 A empatia, embora natural, pode ser aprimorada. Empatia provém do grego: em = dentro; pathos = sentimento. Passamos a nos comunicar com o sentimento do outro, perceber a partir "das lentes" do outro, o que amplia a ótica para o percebermos, facilitando as relações. Escutar um pouco mais, atentar para a postura do outro, tentar entender além das palavras ajuda na compreensão do estado emocional do outro, além de evitar desgastes desnecessários. Como bem retrata Jacob Levy Moreno em seu belo poema: "Encontro de dois. Olho no olho. Cara a cara. E quando estiveres perto arrancarei os seus olhos e os colocarei no lugar dos meus. E tu arrancarás os meus olhos e os colocará no lugar dos teus. Então, eu te olharei com teus olhos e tu me olharás com os meus". Aquele que compreende melhor o outro tende a se tornar mais amistoso e gentil, e a convivência só tem a ganhar com isso.

Para que a relação se estabeleça em um patamar ainda mais saudável e harmônico, poderemos exercitar a gentileza em pequenas ocorrências do dia a dia, como ceder lugar a alguém mais necessitado, levar uma palavra amiga a quem precisa, ser cordial e amistoso no trato, simplificar as coisas, deixar que o outro fale antes de expormos nosso ponto de vista, dar ao outro a oportunidade de se esclarecer, pedir desculpas quando agir de forma equivocada, dar passagem no trânsito etc... Sim, são inúmeras as formas de ser gentil e tornam muito mais agradável a convivência humana, como estabeleceu o psicólogo Piero Ferrucci,[79] que em um belo tratado a respeito da gentileza nos

---

79 *A arte da gentileza*. Editora Alegro.

ensina: "...a gentileza, em sua essência, é simplíssima. É uma forma de fazer menos esforço (...) uma vez que nos poupa a energia que poderíamos desperdiçar com suspeitas, preocupações, ressentimentos, manipulações e defesas desnecessárias. Trata-se de uma atitude que, ao eliminar o que não é essencial, nos traz de volta à simplicidade de ser."

Que tal exercitarmos um pouco mais de gentileza?

# 24
# VAZIOS NA ALMA

> *Quando eu fui ferido,*
> *vi tudo mudar,*
> *das verdades que eu sabia.*
>
> **Guilherme Arantes**

Nas proximidades do lago Léman, na cidade de Genebra, Suíça, uma escultura costumava atrair o interesse de todos que passavam pelo local. Ela apresentava um homem sentado em um banco, cabisbaixo e com as mãos apoiadas sobre os braços. Mas, o que mais impressiona é que o espaço que medeia a cintura e a cabeça encontra-se vazio. Não há peito, coração, estômago, barriga... há apenas o vazio, através do qual se pode vislumbrar a paisagem do outro lado.

Vazio! É bem provável que essa sensação seja a força de atração para que tantas pessoas sejam impactadas com a obra-prima do romeno Albert György, à qual deu o nome sugestivo de *Melancholie*. É que esse é um retrato simbólico de um dos sentimentos mais profundos dos tempos modernos, e não será espantoso se a era atual for classificada de *A Era do Vazio Existencial*.

No atendimento terapêutico, é comum deparar-se com diálogos que retratam muito bem esse sentimento, como o que se segue:

"É que nós temos um buraco emocional, que nos faz exigir demais dos outros (...) a nossa carência é tamanha que não nos contentamos com o que o outro pode nos oferecer, queremos e exigimos dele sempre mais e mais..."

Esse trecho é o resumo de um diálogo entre duas irmãs, narrado por uma paciente, que gentilmente concedeu permissão para compartilhar um pouco de sua história. Ela estava prestes a operar um dos olhos e se sentia apreensiva quanto aos procedimentos que teria de passar. Um dia começou a observar pontos obscuros na visão, que pela persistência a deixaram preocupada. Após alguns dias apresentando o sintoma, buscou um oftalmologista, que diagnosticou "erosão na retina". O profissional disse a ela que se não cuidasse bem daquilo poderia perder a visão. Sem adentrar pelas características técnicas da patologia, que fogem ao nosso propósito, ela explicava ser "um buraco na vista", que precisaria ser preenchido para voltar a enxergar...

Muitas vezes, as feridas emocionais fazem com que vejamos a vida de forma distorcida, e por conta do *ego* nem sempre preparado para lidar com essas feridas, buscamos substitutos para lidar com o vazio decorrente, através de comportamentos compensatórios.

No caso da paciente, o uso da razão passou a ser o seu aliado principal ao longo da vida. Tornou-se uma profissional muito bem-sucedida, referência no país e no exterior. Destacou-se mais do que todos na família e era bastante intensa em sua produtividade. Contudo, uma crise depressiva veio retirá-la por um tempo da "batalha".

Foi a forma que a psique encontrou de fazer com que prestasse atenção em partes importantes que havia deixado para trás em sua jornada, enquanto priorizava as conquistas alavancadas pela razão. Necessitava resgatar sua vida emocional, que vivia crises constantes e afetava sobremaneira seus relacionamentos, que quando conseguiam se sustentar, iam de mal a pior. Exigia demais dos outros, e era difícil aceitá-los em suas limitações. É difícil aceitar a sombra do outro quando não aceitamos a nossa própria.

A parada foi a oportunidade de fazer uma busca diferente. Aproximou-se mais da religião, buscou o auxílio da terapia e da psiquiatria e ampliou os cuidados com a saúde. Começou a olhar de forma consciente para o passado, tentando refazer a trilha da vida e encontrar respostas para suas crises. Reviu relações familiares, abandonos, violência, mas também reconheceu os limites de cada personagem nessa trilha. Descobriu que todos, em sua história, também possuíam suas feridas, e que o mais importante era resolver crescer com e apesar delas.

Durante a turbulência, passou a viver algo mágico e novo: tornou-se mãe adotiva. E uma das maiores preocupações era "não errar com a filha como haviam feito com ela". Mas no caminho da vida nós "erramos", assim como "erram conosco", o que é natural por conta de nossas limitações, em vários sentidos. Mas, isso não pode servir de desculpa para não trilharmos o caminho da vida e enfrentar os desafios naturais que ela nos apresenta. O amor maternal, desenvolvido por escolha própria, impulsionou ainda mais sua busca interna.

Parte dessa trilha exige que construamos novas "lentes de ver e perceber a vida". Afinal, como já dizia o poeta da alma Rubem Alves: "...o ato de ver não é coisa natural; precisa ser aprendido."

Recorrendo ao olhar simbólico da psicossomática, aprendemos que a psique manifesta no corpo os seus sintomas, como forma de nos fazer prestar a devida atenção a eles. Assim sendo, a cirurgia nos olhos torna-se parte simbólica do tratamento que ela busca para alma, e o preenchimento do "buraco" nos olhos é comparável ao que vem fazendo na terapia e na vida como um todo, esforçando por se compreender e aprimorar o relacionamento consigo mesma, e como consequência começa a sentir que o relacionamento com os outros também se aprofunda.

Hoje "seus olhos de ver" estão se ampliando, embora ainda oscile emocionalmente em alguns momentos, o que é natural face ao tempo em que permaneceu distante de si.

E como bem disse o poeta Gilberto Gil, é necessário encontrar as "lentes do amor" para que a cura se efetive: "Abrir o ângulo, fechar o foco sobre a vida. Transcender pela lente do amor. Sair do cético, encontrar um beco sem saída. Transcender pela lente do amor..."

Não foi à toa que o maior psicoterapeuta de todos os tempos elegeu o Amor como ensinamento mais importante, e que certamente é o remédio mais poderoso para preencher os vazios da alma. Quando vivermos a plenitude desse sentimento, nossas esculturas não precisarão mais expressar o vazio e a melancolia, pois estarão preenchidas de sentido e de vida.

# 25 SOLIDÃO E SOLITUDE

*Eu sou maior do que era antes.*
*E sou melhor do que era ontem.*
*Eu sou filho do mistério e do silêncio.*
*Somente o tempo vai me revelar quem sou.*

Dani Black

É paradoxal constatar o volume de pessoas que se queixam de solidão, nesses tempos revolucionários da comunicação virtual, das redes sociais e da facilidade dos divertimentos, dentre outros tantos avanços da atualidade. Por isso mesmo a solidão da chamada era virtual passa a ter uma configuração diferente daquela de tempos passados, pois não se trata de indivíduos solitários por viverem isolados ou desacompanhados, mas de uma solidão ainda mais intensa: a solidão acompanhada.

Alguns dos sintomas que a solidão na configuração moderna apresenta são:

- Intenso sentimento de não ser compreendido pelos outros.
- Crença de ser vítima constante de ingratidão.
- Profunda insatisfação perante a vida.

▶ Declaram que desistiram de amar, pois todas as tentativas anteriores resultaram em sofrimento, que não desejam voltar a viver.

Ao analisar o vazio interior, companhia constante da solidão, Rollo May[80] chama atenção de que "...outra razão importante emerge do fato de que nossa sociedade dá muito valor à aceitação social. Precisamos estar sempre provando que somos um 'êxito social' pelo fato de nos procurarem, de nunca andarmos a sós. Se a pessoa é estimada, isto é, socialmente aceita, acredita-se que raramente esteja só". Isso gera desconforto ainda maior para os que se acreditam inadequados perante esse mundo com tantas exigências, levando tanto os que se adequam quanto os que não o fazem a sentirem solidão em algum grau.

Esses e outros sintomas dão conta de que existem questões profundas a serem resolvidas, gerando conflitos e incômodos constantes, que o indivíduo guarda consigo por acreditar que ninguém irá compreendê-lo. Muitos desses indivíduos são cercados de "amigos" nas redes digitais, vão a festas e reuniões familiares, sendo alguns até populares no ambiente de trabalho. O sociólogo francês Dominique Wolton chamou essa solidão da era tecnológica de *solidão interativa*, que leva as pessoas a se trancarem e não se comunicarem com valores diferentes dos seus, pois é fácil deletar e bloquear os que incomodam. Na vida "real", a dialética do encontro é mais complexa. Por isso, essa so-

---

80 *O homem à procura de si mesmo*. Editora Vozes.

lidão é mais difícil de ser identificada, necessitando de olhares atentos, que consigam enxergar além da aparência externa.

Para compreender essa patologia em sua face moderna é necessário recordar que a criatura humana não é o que ela demonstra em sua aparência, como bem ensinou Carl Gustav Jung quando apresentou a *persona*, a parte da personalidade com a qual nos relacionamos com os outros. Desconhecendo a si mesmo em essência, existe uma tendência do indivíduo na construção de um personagem para vivência social, variando conforme as circunstâncias. A *persona* de hoje manifesta-se de forma intensa através dos perfis das redes conectadas, das mensagens instantâneas cheias de *emojis* felizes, mesmo que isso não reflita o que a pessoa conduz no mundo íntimo.

Esses comportamentos alimentam a solidão moderna, porquanto quando apresentam na aparência o oposto do que se carrega na essência, a alma reage, pois tem como meta manifestar-se de forma plena na consciência, não através de disfarces.

Mas, será que existe cura para a solidão?

O que se sente solitário deve ter em mente que o motivo que o aflige não provém dos outros, mas da própria insatisfação consigo mesmo. À vista disso, passo importante para vencer a solidão é a autoaceitação. Isso não significa passividade e conformismo, mas resignação dinâmica, como propõe Joanna de Ângelis, na qual não se briga contra o estado em que se encontra, mas se esforça pelo constante aprimoramento. A queixa, mesmo voltada contra si mesmo, não opera modificação das coisas. Somente a reflexão, seguida de atitudes, faz com que o indivíduo se transforme.

Prosseguindo em seus ensinamentos, a autora aponta: "O homem realmente não se conhece. Identifica e persegue metas exteriores. Camufla os sentimentos enquanto se esfalfa na realização pessoal, sem uma correspondente identificação íntima".[81] Nesse sentido, o indivíduo deve esforçar-se para estabelecer metas interiores de transformação, que o irão auxiliar na construção da autoestima e de uma percepção mais verdadeira a respeito de si mesmo.

O processo de autoconhecimento proporciona ao ser aceitar os próprios limites, sem que com isso se deseje ficar aprisionado a eles; pacificar-se com os próprios conflitos, mesmo os mais intensos, porquanto os conflitos nos mobilizam para buscar respostas; transcender os traumas, mesmo os mais dolorosos, posto que a vida é maior do que as vivências traumáticas. Não se trata de negar a dor que as vivências dolorosas causaram, mas entender que o ser, em si mesmo, é maior do que as experiências vividas. E se parte do problema é estar voltado para metas externas, o processo agora deve seguir o caminho inverso. Investir em si mesmo, não no sentido de alcançar sucesso, mas de ser o mais verdadeiro possível consigo mesmo. Nesse sentido, Joanna de Ângelis[82] prossegue:

---

81 FRANCO, Divaldo P. Pelo Espírito Joanna de Ângelis. *O homem integral*. Leal Editora.

82 Idem.

"É necessário que o homem aprenda a viver com a sua solidão – ele que é um cosmo miniaturizado, girando sob a influência de outros sistemas à sua volta – com o seu silêncio criativo, sem tagarelice, libertando-se da consciência de culpa que lhe vem do passado". Como vemos, a transformação da solidão em solitude se dá quando a convivência consigo mesmo se torna pacificada. Assim sendo, cada um deve buscar harmonizar-se com as guerras internas que lhe afligem, pois somente quando estamos bem conosco, a convivência com os outros não se torna um fardo pesado demais, nem tampouco vemos a presença constante de outras pessoas como "fonte de salvação" às nossas angústias não resolvidas.

Quando o ser realiza o aprendizado de estar pacificamente consigo, sai da patologia da solidão para adentrar àquilo que Paul Tilich, teólogo e filósofo alemão, definiu como *Solitude*. De acordo com sua concepção, enquanto na solidão existe a amargura de estar só, na solitude o sentimento é de júbilo por estar em harmonia consigo mesmo. A solitude pode ser conquistada através de exercícios diários de autorreflexão, de meditação ou recolhimento para repensar a vida e perceber a si mesmo, não como meio de se isolar do mundo, mas de se encontrar, até para que o contato com o outro seja mais pleno.

E em todos os momentos, deve-se escolher ser aquele que ama, mesmo quando incompreendido; decidir por ser o que leva a palavra afável, o olhar compreensivo, o gesto carregado de sentimentos. Ademais, livrar-se da preocupação de agradar a todas as pessoas, permitindo-se ser quem se é, considerando que são muitos os prisioneiros dos próprios conflitos, do mesmo modo nós somos ou fomos em algum momento. Os esforços nesse sentido dão nova razão ao sentir e ao viver, que são exatamente as partes afetadas pelos solitários. E se o mal da solidão é o desamor, o Amor será justamente o remédio, para que, libertando-se das amarras que o prendem na amargura, o ser possa perceber a beleza que em si habita, e por isso mesmo encontrará no mundo e nas pessoas a divina presença.

# 26 RESGATANDO A CRIANÇA INTERIOR

*Há um menino, há um moleque, morando sempre no meu coração. Toda vez que o adulto balança ele vem pra me dar a mão. Há um passado, no meu presente, o sol bem quente lá no meu quintal. Toda vez que a bruxa me assombra o menino me dá a mão...*

Milton Nascimento e Fernando Brant

O tema a "Criança Interior" tem sido recorrente em muitas abordagens psicológicas. E quase sempre vem à tona a imagem da *criança ferida*, aquela parte da personalidade que, tendo passado por algum evento traumático, vivenciado uma educação castradora ou negligenciado aspectos educacionais importantes, dentre outros fatores, teve seu desenvolvimento prejudicado. E muitas vezes a imagem da criança ferida se manifesta nos sonhos, apresentando-se indefesa, amedrontada e insegura.

É difícil encontrar alguém que esteja completamente isento de alguma das marcas da "criança ferida". As crianças têm enorme sede de afeto, de explorar o mundo, de busca de saber. Costuma idealizar no pai e na mãe, ou em seus cuidadores, pessoas que lhes possam saciar os profundos anseios. Mas, por encontrar no caminho aqueles que, por sua vez, também trazem suas feridas, em maior ou menor grau, não recebem o acolhimento desejado, ou ainda sofrem marcas profundas por conta dos diversos tipos de violência ou negligência a que são submetidas.

"Bruno" era um garoto tímido, mas extremamente afetuoso e criativo. Adorava quando o pai e a mãe podiam brincar com ele. Mas quando completou 4 anos de idade, as coisas começaram a mudar drasticamente. Ele relata que as lembranças daquele tempo é de que o pai não tinha mais tempo para estar com ele, e quando chegava embriagado em casa, o que foi ficando cada vez mais frequente, tudo podia acontecer, pois havia dias em que ele ficava extremamente violento. Recorda que, próximo ao horário da chegada do pai, a mãe dizia para seus amiguinhos irem embora e para Bruno arrumar tudo correndo, pois senão haveria alguma confusão em casa.

Com a regularidade dessas vivências, passou a desenvolver extremo perfeccionismo e rigidez. Bruno introjetou a ideia de que todas as coisas deveriam estar extremamente arrumadas. Era uma forma de mecanismo de defesa, face ao ambiente ameaçador, quando isso não acontecia.

Quando procurou a terapia, Bruno enfrentava dificuldades em lidar com o comportamento dos filhos, que no seu parecer eram hiperativos e bastante desorganizados. Ao mergulhar na própria infância, pôde perceber que possuía um padrão rígido demais e que precisava flexibilizar o próprio comportamento para não tolher os filhos em suas formas naturais de expressão. Conseguiu perceber que carregava uma culpa que não deveria existir, pois ele não fazia nada de errado enquanto criança, mas a sombra do pai dependente, assim como da mãe insegura, ainda o atormentavam.

A partir disso, buscou resgatar outros aspectos de sua criança, seu afeto e criatividade que não tiveram possibilidade de expressão enquanto buscava segurança. É que não basta reconhecer os aspectos da *criança ferida* para se libertar dos conflitos que ela apresenta. Para nos tornarmos plenos, é preciso resgatar a *criança saudável*, aquela parte genuína do ser que ficou prejudicada por uma visão distorcida da existência.

E para auxiliar a trazer à consciência essa criança saudável é válido questionar:

O que lhe vem à mente quando pensa na imagem da criança? Quais aspectos se apresentam de forma mais intensa? São justamente esses aspectos que auxiliarão no "resgate" da criança interior.

De forma geral, percebemos que alguns aspectos surgem com mais frequência, tais quais: Espontaneidade e Sinceridade, Capacidade de Perdoar, Alegria de Viver etc. De que forma se apresentam esses aspectos em sua vida, neste momento?

**Espontaneidade e Sinceridade:** Aprendemos tanto a esconder e a disfarçar emoções e sentimentos, que constantemente perdemos a espontaneidade. A *persona*, a máscara que usamos para o convívio social, frequentemente nos sufoca, e se não nos damos conta disso perdemos contato com nossas características genuínas, com os aspectos de nossa própria identidade. A espontaneidade se associa à nossa verdade interior, sem que necessitemos ser agressivos ou desrespeitosos com o outro para manifestá-la. Muitas vezes a espontaneidade é perdida no próprio contexto familiar, ao se punir a criança por manifestar aquilo que sente ou naquilo que acredita ser melhor para ela. Certamente que, em muitos momentos, a "vontade" da criança não deve prevalecer, mas para isso não é necessário castrar sua manifestação, pois implica alto custo na formação da personalidade.

Em sua origem etimológica, espontâneo surge de impulso, algo que vem de dentro. Sinceridade surge de "sem cera", ou seja, a retirada da cera que mascarava alguns defeitos de peças deterioradas, mas que logo eram descobertas com o calor do sol. O adulto que somos precisa descobrir suas verdades internas, a fim de manifestar aos outros da melhor forma possível, sem a preocupação de querer sempre agradar, mas de respeitar e seguir sua verdade interior, única que pode conduzir ao encontro com a alma. No caso de Bruno, ele se deu conta de que, muitas vezes, ainda que extremamente cansado, levava horas organizando tudo meticulosamente, e estava sendo extremamente rígido com os filhos e agressivo com a esposa, a quem culpava pelas crianças serem "tão desorganizadas". Sem perceber, ele repetia o modelo agressivo do pai, mesmo sem ser dependente químico.

**Capacidade de Perdoar:** É bastante interessante perceber como a criança lida com as emoções, passando da raiva intensa do outro à condição de melhor amigo em questão de momentos. Isso é algo que devemos aprender, para não sermos mais vítimas do ressentimento. Muitos confundem perdoar com esquecer, mas o perdão vai além disso. Quando se perdoa de forma genuína, mesmo se recordando da ocorrência o seu conteúdo emocional não nos perturba mais, porquanto já foi elaborado pela consciência, não gerando mais conflitos internos por estar pacificado. A pacificação deve ocorrer internamente de modo a gerar efeitos externos. Não se trata de negar a raiva, mas de não deixar que ela nos corroa por dentro, transformando-se em ressentimento.

Para Bruno, foi uma fase de intensa emotividade reconhecer que o pai também havia sido ferido. Entender o humano por trás de suas expectativas. Conversando com seus tios e parentes, pôde compreender um pouco mais o que havia ocorrido quando ele tinha 4 anos. O pai ficara desempregado, ao mesmo tempo que a mãe anunciava nova gravidez. Sem saber como lidar com aquela situação, via na bebida a forma de anestesiar sua angústia. Nada justifica a escolha equivocada do pai, mas agora ele ao menos podia entendê-lo, o que abriu caminho para o perdoar.

**Alegria de Viver:** A associação entre criança e alegria é quase unanimidade quando abordamos o tema. E quando vemos as psicopatologias assolarem a humanidade, levando muitas vezes ao suicídio, percebemos que essa é uma expressão que necessita ser urgentemente resgatada. Não se trata da ilusão de acreditar que todos os momentos da existência serão um "calmo oceano", mas aprender a lidar com os opostos –

sombra e luz; dor e bem-estar; bons momentos e momentos difíceis etc. — pois quando aprendemos que a dinâmica da vida apresenta esses contrastes, não brigamos contra as ocorrências externas, mas vivemos de forma consciente cada momento. Isso faz com que a alegria de viver se apresente naturalmente, ainda que passemos por desafios, o que é natural. Contudo, ao vivermos tais desafios, teremos conosco a esperança, capacidade daquele que sabe passar pelas dores e sofrimento, porque acredita que o caminho da vida plena passa também por alguns obstáculos.

Entendendo a importância de resgatar a alegria, Bruno passou a dedicar o tempo excessivo que organizava as coisas para brincar com seus filhos, fazer parte da "bagunça". E o efeito foi tão impressionante, que Bruno decidiu trocar de emprego e começar algo que há muito tempo acalentava, mas que não tinha coragem de fazer — iniciar seu próprio negócio de carpintaria, no qual se mostrou extremamente criativo. Inconscientemente, o medo de "perder o emprego", como ocorrera com o pai, antes o segurava. E hoje continua dando passos seguros para se reencontrar consigo mesmo.

E é na cura da criança ferida que iremos encontrar a nossa criança divina, a parte sublime do nosso ser, plena de vida e de potencialidades. Como esclarece Jung,[83] "...em todo adulto espreita uma criança – uma criança eterna, algo que está sempre vindo a ser, que nunca está completo, e que solicita cuidado, atenção

---

[83] JUNG, apud ABRAMS, Jeremiah. *O reencontro da criança interior*. Editora Cultrix.

e educação incessantes. Essa é a parte da personalidade humana que quer desenvolver-se e tornar-se completa". É preciso revisitar constantemente essa nossa criança interna.

Por tudo isso, talvez não tenha sido à toa que, utilizando-se da imagem de uma criança, Jesus colocou-a no centro, quando ensinava os apóstolos (e a todos nós): "Em verdade vos digo que se não vos converterdes e não vos fizerdes como crianças, de modo algum entrareis no reino dos céus."[84]

---

[84] *Evangelho de Mateus* 18:3

# 27 ENVELHECER: AS BELEZAS E DESAFIOS DO "ENTARDECER" DA VIDA

> *Quem espera que a vida, seja feita de ilusão,*
> *pode até ficar maluco, ou morrer na solidão.*
> *É preciso ter cuidado, pra mais tarde não sofrer.*
> *É preciso saber viver!*

**Erasmo Carlos e Roberto Carlos**

Os avanços dos últimos séculos têm proporcionado a homens e mulheres, de uma forma geral, uma vida mais longeva, e chegar aos 90, 100 anos ou mais tem sido cada vez mais comum. Alguns especialistas em envelhecimento humano, como o gerontologista britânico Aubrey de Grey, chegam mesmo a acreditar que já está entre nós o humano que viverá 150 anos. Independentemente de estar certo ou não, uma questão está nos desafiando: o que fazer desses "anos a mais" que a vida tem nos proporcionado? Como bem recordou Jung:[85] "O ser humano não chegaria aos setenta ou oitenta anos (e hoje muito mais) se esta longevidade não tivesse um significado para a sua espécie. Por isto, a tarde da vida humana não pode ser apenas um lastimoso apêndice da manhã da vida."

Em algumas culturas, especialmente na antiguidade e em tradições ancestrais, os idosos eram muito respeitados e suas experiências e opiniões eram valorizadas e levadas em conta nas decisões de tribos,

---

85 *A natureza da psique*. Editora Vozes.

povos e civilizações. Infelizmente, isso foi se perdendo com o passar do tempo, e alguns temores dessa etapa da vida foram se enraizando. Marco Túlio Cícero, Filósofo e Escritor Romano (103-43 a.C) já apontava "quatro razões" para que muitos considerassem a velhice detestável:
1 - Distanciamento da vida ativa;
2 - Enfraquecimentos das forças orgânicas;
3 - Privação dos provocantes prazeres e
4 - Proximidade da morte.[86]

Se é certo que o passar dos anos pode trazer algumas consequências desagradáveis no plano biológico, como limitações orgânicas e um dinamismo menos acelerado para algumas atividades, no plano psicológico e espiritual a vida pode se apresentar tão ou mais plena de possibilidades. E com o avanço da medicina, até mesmo a possibilidade de uma vida ativa se faz presente, certamente com algumas limitações, o que não será um problema para aquele que aprende a lidar com as características de cada etapa.

Além dos fatores culturais, o que não ajuda na concepção saudável do envelhecer é a forma inadequada em lidar com os aprendizados e desafios de cada etapa. A idade pode ser vista como um peso quando o indivíduo permanece aprisionado às fases anteriores, seja por conta de uma visão ilusória de que as etapas felizes são as que já passaram, ou por conta de sofrimentos não diluídos ao longo do tempo. Mágoas

---

[86] FRANCO, Divaldo P. Pelo Espírito Joanna de Ângelis. *O despertar do espírito*. Leal Editora.

e ressentimentos terminam por diminuir o brilho da existência, assim também a baixa autoestima, que dificulta ao indivíduo perceber seus próprios valores. Se a vida nos priva de alguns prazeres com o passar do tempo, quantas outras formas de prazer podem ser vividas? O prazer de uma boa conversa, momentos junto a pessoas queridas, um bom livro, um bom filme, uma música que desperte bons sentimentos e recordações, estar junto à natureza, entre outros, são prazeres possíveis em todas as etapas. A sabedoria está em ir ressignificando os prazeres em cada momento, se permitindo vivê-los e fruí-los como se apresentam, não como idealizamos que deveriam ser. Como analisa Joanna de Ângelis,[87] "...não se trata, portanto, de uma resultante da idade, mas na disposição interior de viver e de participar dos desafios humanos."

O individualismo, o consumismo e o egocentrismo, que passaram a conduzir o comportamento de homens e mulheres, enraizando-se na cultura, passou a celebrar o que é novo, o que apresenta vigor físico, e a ditar padrões de beleza que se estabelecem a partir dessas bases. Beleza e velhice deixaram de ser compatíveis nesse tipo de concepção, criando um temor em torno de algo que é parte da natureza humana, e que deveria ser vivido com naturalidade. A palavra "velho", que designa coisas que não servem mais e devem ser descartadas, é a mesma usada para se referir a um ser humano que atingiu uma determinada idade. No

---

[87] FRANCO, Divaldo P. Pelo Espírito Joanna de Ângelis. *O despertar do espírito*. Leal Editora.

plano simbólico, essa é uma representação do quanto tememos e desconhecemos a importância da fase da vida entendida como a Velhice. Khalil Gibran,[88] com toda sua poesia e sensibilidade, retrata a beleza que devemos buscar, através de um diálogo imaginado entre Jesus e Maria Madalena: "Os outros veem em você uma beleza que se esvai mais rapidamente do que os anos deles. Mas eu vejo uma beleza que jamais desfalecerá. E até no outono dos seus dias ela não precisará temer olhar-se no espelho, pois não será humilhada. Apenas eu amo o que tem dentro de você e que não se pode ver". Que tipo de beleza temos buscado?

Por outro lado, para muitos permanece intenso o temor da morte, fazendo com que se crie um grande paradoxo: não se deseja envelhecer, mas também não se deseja morrer! Mas, pior que o medo da morte é o medo da própria vida. O medo de enfrentar os desafios que a vida nos propõe, e que, quando aceitos, revelam-se plenos de significado. Em nosso grupo terapêutico uma das participantes tinha 83 anos, e era uma das mais alegres e ativas. Certa feita uma jovem lhe perguntou: "Mas o que a senhora ainda tem a aprender sobre a vida"? E ela respondeu: "Muitas coisas, sobre mim mesma e sobre a vida, pois o que aprendi ao longo dos anos é que a vida sempre nos surpreende. Embora minhas limitações físicas, hoje posso dizer que vivo muito mais plenamente que a décadas atrás, pois consegui me libertar de muitos pesos que carregava comigo. Hoje sou muito mais leve, e

---

[88] *Jesus*: o filho do homem.

enquanto estiver por aqui, sempre vou buscar aprender...". E continuou aprendendo e ensinando com sua leveza, até os últimos dias da vida. Aprendeu a morrer porque aprendeu a viver. Como ensinou Michel Montaigne: "que a velhice não nos surpreenda com mais rugas na alma do que no corpo". Você tem rugas na alma?

Por isso mesmo, um dos grandes desafios da existência é preencher nossa vida de significado, vivendo cada fase que ela nos apresenta conectados a nós mesmos e à Vida, em todas as suas expressões. Quanto mais permanecemos conectados com um propósito, sabendo que a existência física é transitória, por mais longeva que possa ser, menos temeremos cada fase, com suas belezas e desafios. Saberemos escolher entre o essencial e o dispensável, e nosso conceito de beleza será revisado, porquanto belo, em essência, é o que se manifesta no esplendor das possibilidades, que nos é intrínseco e que vai além da aparência. Assim concebendo, quanto mais nos conhecermos e nos pacificarmos com a nossa própria história, mais estaremos livres para viver cada etapa plenamente.

Conforme bem nos recorda Jane Fonda,[89] atriz vencedora de Oscar, ativista de Direitos Humanos e escritora norte-americana (nascida em 1937), "Somos as gerações pioneiras e precisamos compor juntos um modelo para maximizar o potencial dessa dádiva maravilhosa que é o tempo, de modo que nos tornemos pessoas completas e plenamente realizadas no decor-

---
89 *O melhor momento*. Editora Paralela, 2012.

rer do arco prolongado da vida". Quem sabe nos dedicando de forma sábia a esse desafio não conceberemos mais a velhice de forma pejorativa, pois a viveremos na plenitude de possibilidades que se apresenta. Não foi à toa que Jung nos apresentou o Arquétipo do Velho Sábio e da Velha Sábia que existem em nós, como uma fonte de sabedoria inesgotável, que costuma aparecer nos sonhos como um guia da alma.

Afinal, o espírito, que vai além da dimensão tempo/espaço na forma concebida pelo *ego*, aprende a cada instante e em cada experiência, independentemente da fase da vida na qual se encontre. Assim sendo, nosso intento deve ser não somente o de tomar todos os cuidados possíveis para chegar a essa bela etapa da vida, mas vivê-la de forma plena e profunda, a benefício da nossa realidade espiritual e da própria humanidade.

# 28

## O "PAI-NOSSO": UMA PROPOSTA TERAPÊUTICA

*Um certo dia um Homem esteve aqui.
Tinha o olhar mais belo que já existiu.
Tinha no cantar uma oração. E no falar
a mais linda canção que já se ouviu.*

Erasmo Carlos e Roberto Carlos

Na condição de maior psicoterapeuta de todos os tempos, Jesus conhecia a fundo a alma humana e aproveitava todas as oportunidades para ensinar e impulsionar o aprimoramento do ser. Ele sabia que, nesse mundo de exagerado culto ao *ego*, a psique necessitaria de meios para expandir sua percepção e despertar do *estado de sono*, para não perder contato com sua realidade transpessoal.

Os Seus ensinamentos e atos estavam revestidos de profundo significado, e dentre eles verificamos no Evangelho que o Mestre reservava espaços periódicos à oração: "A sua fama, porém, se propagava ainda mais, e ajuntava-se muita gente para o ouvir e para ser por ele curada das suas enfermidades. Ele, porém, retirava-se para os desertos, e ali orava."[90]

Em sua proposta psicológica, Joanna de Ângelis ensina que: "...a oração é um precioso recurso que faculta a aquisição da autoconsciência, da reflexão, do exame dos valores emocionais e espirituais que di-

---

90 *Evangelho de Lucas* 5:15-16

zem respeito à criatura humana."[91] E na condição de terapia de excelência, na qual devemos nos desvestir da *persona* para encontrar o ser real que somos, a oração não necessita de rituais específicos, mas principalmente da sinceridade de uma alma que busca encontrar consigo mesma e com o Criador.

E foi no *Sermão da Montanha*, dentre tantas pérolas que nos dedicou, que Ele ensinou a orar, dizendo: "Portanto, vós orareis assim": [92]

### Pai-Nosso...

Temos necessidade psicológica de identidade, sem a qual a personalidade se desagrega, e Jesus nos traz a certeza de uma filiação divina ao apresentar um Pai amoroso, afável, justo e que compreende nossas limitações, inclusive o fato de não entendermos que Ele é Pai de todos: dos "certos e errados", dos "santos e dos mundanos", daqueles que amamos e também daqueles que detestamos. Na nossa presunção, tomamos a posse de Deus e O colocamos dentro da nossa "caixinha" de preconceitos, tentando diminuí-lO; nós somos excludentes e achamos que Ele também deve ser assim.

Deus, como Pai Amoroso que é, nos conhece por inteiro. E esse é o nosso desafio, sermos inteiros, porque viver apenas de intenções não é o suficiente. Deus está além do limite que qualquer religião possa tentar

---

[91] FRANCO, Divaldo P. Pelo Espírito Joanna de Ângelis. *Rejubila-te em Deus*. Leal Editora.

[92] *Evangelho de Lucas* 6:9-14

colocá-lO. E ao dizer que esse Pai é *nosso*, Cristo nos irmana a toda humanidade, sem qualquer distinção.

### Que estás nos céus...

Que céu é esse? Como seria o mundo se Deus atendesse aos caprichos do *ego*?

Em uma análise psicológica, situá-lO na Terra significaria colocá-lO para cuidar exclusivamente das questões do *ego*, e Deus não está a serviço das nossas questões egoicas: a vida humana precisa se desenvolver a partir do esforço pessoal para se aprimorar, percebendo e vivendo sua realidade além do *ego*. Os "céus" representam um estado em que o *ego* não domina, em que a entrega deve acontecer. Nesse lugar se encontra o mais puro sentimento de amor, integridade e plenitude.

### Santificado seja o Teu nome...

Santificar significa separar algo ou alguém para certo uso ou propósito religioso, a partir do que podemos entender que santificar o nome de Deus é compreender a sua função de integração na psique. Santificar é estar ligado a Deus, é honrá-lO de maneira tão profunda que, como propõe a teologia, nos aprimoraremos tanto como seres humanos que nos aproximaremos das qualidades divinas.

Desta forma, quanto mais nos conhecemos mais a nossa relação com o Pai se aprofunda, pois aprimoramos a capacidade de senti-lO como presença viva em nossas vidas. Santificar não é reconhecê-lO de fora para dentro, mas senti-lO a partir de si mesmo e sabendo-O dentro – imanente – percebê-lO em todos e em todas as coisas – transcendente.

### Venha a nós o Teu reino...

O *reino de Deus* é diferente do que entendemos por reino, na Terra. Esse reino é regido pelo amor e pela integração com a consciência plena. *Venha a nós o Teu reino* nos propõe que, através do amor e da consciência, ainda neste mundo, iniciemos a transformação das bases que regem este mundo. Se o *Reino dos Céus* não é deste mundo, é neste mundo, através do autoconhecimento, do exercício do amor e da transformação, que nos preparamos a vivê-lo.

Para isso, precisamos "abrir mão" do poder terreno, a fim de podermos usufruir da liberdade de sermos reis de nós mesmos, de conduzirmos a nossa vida com a plena certeza de estarmos fazendo a coisa certa, porque o Rei maior, que é Todo amor, nos guia e conduz, desde que estejamos dispostos a ouvir a voz da consciência e segui-la.

### Seja feita a Tua vontade, assim na terra como nos céus...

A vontade está ligada ao *self*, enquanto desejar é atributo do *ego*; para crescer, precisamos nos libertar da escravidão dos desejos, e através da vontade direcionar a vida para cumprir a "vontade dos céus".

Nesse ponto nos deparamos com as escolhas, pois se a nossa vida for guiada pelo *ego*, as nossas escolhas serão direcionadas para atender aos nossos desejos imediatos. Mas, se estivermos direcionando a nossa vida ao chamado do *self*, faremos escolhas conscientes, sabendo que os resultados e desafios que a vida nos apresenta, por mais difíceis e dolorosos que sejam, são impulsos para o nosso crescimento, para a nossa evolução.

O ser que compreende isso amadurece, fazendo com que o *ego* esteja a serviço do *self*: a pequena parte se rende à totalidade.

Atender a essa vontade é exercício de humildade!

### O Pão nosso de cada dia nos dai hoje...

Mesmo com tantos necessitados do pão físico no nosso planeta, é ainda maior o número de necessitados do pão que alimenta a alma, a psique. Do que realmente temos fome?

O pão é o alimento essencial, símbolo do alimento espiritual, assim como Jesus afirmou ser o *Pão da Vida*. Precisamos nos nutrir espiritualmente todos os dias, pois assim como nutrimos o corpo, nossa alma precisa ser abastecida dos valores eternos, da bondade, da paciência, da benevolência, da humildade, da fé... e principalmente do fermento do amor.

Essa busca pelo alimento da alma precisa ser feita no momento presente, no agora, precisamos vivenciá-lo todos os dias, sem adiamentos. Não precisamos fazer economia desse alimento, devemos saboreá-lo ao máximo.

Hoje... Jesus não diz simplesmente que devemos querer o pão, mas querê-lo hoje. E o hoje é a única certeza que temos, por isso, precisamos ser melhores aqui e agora, exatamente hoje. E no dia em que todos se alimentarem do pão espiritual, diariamente, o pão físico não faltará na Terra, porquanto vencido o egoísmo a prosperidade e a solidariedade reinarão.

**Perdoai as nossas dívidas, como também nós perdoamos aos nossos devedores...**

O quanto estamos devendo à vida? Devemos: gratidão, compreensão, amor, gentileza, respeito, paciência, solidariedade, afeto e muito mais. Temos "dívidas" uns com os outros, com todos que nos precederam e prepararam caminho para nosso crescimento, e esse sentimento deve nos mover na direção da humanidade.

Precisamos ter contato com as nossas fragilidades, aprender a lidar com os erros do passado, não para autovitimização ou autocondenação, mas para nos libertar deles por meio do autoamor e da responsabilidade que assumimos perante nossos atos. Caso não façamos isso conosco, dificilmente teremos condições de perdoar aos nossos *devedores*, pois estaremos vendo neles o que estamos deixando de fazer por nós e pelo próximo.

A nossa dívida será perdoada à medida que perdoarmos o outro. Quando conseguirmos compreender que cometemos erros na trajetória, e que muitas vezes por orgulho deixamos de ser como poderíamos ser, igualmente compreenderemos que o outro, na sua trajetória, encontra dificuldades no caminho. Quem aprende a amar, perdoa-se e perdoa. Libertando-se, também liberta o outro da responsabilidade do mal que nos atinge.

**Não nos deixeis cair em tentação,
mas livrai-nos do mal.**

Toda mudança exige de nós que percorramos uma trajetória. Para isso, precisamos reconhecer as nossas prisões interiores e termos coragem para sair delas. Se não conhecermos a nossa sombra, facilmente cairemos em tentação, ou seja, nos identificaremos com ela de maneira tal que agiremos na vida de forma equivocada e muitas vezes perversa. E ainda projetaremos todo o mal no outro e no mundo, enquanto nos esquecemos de verificá-lo em nós mesmos.

"Livrarmo-nos do mal" não significa querermos nos libertar por um passe de mágica do nosso lado sombrio, mas construir valores morais suficientes para sermos mais fortes que as nossas más inclinações. Que não caiamos na tentação do poder, das glórias externas, da ilusão do mundo material. Que tenhamos a coragem de nos livrar de tudo que possa nos desviar do caminho que nos une com o Pai.

**(Amém). Que assim seja!**

*Amém*, traduzido muitas vezes como *assim seja*, tem origem hebraica, significando ainda *verdadeiro, firme seguro*.[93] Que todo esse caminho seja a nossa "verdade", que "assim seja" a nossa trajetória iluminativa, para que finalmente possamos encontrar Deus dentro de nós, e a partir disso reconhecer a Sua presença em cada um dos seres vivos e em todas as coisas.

Nesse sentido, complementa Joanna de Ângelis:[94] "...a psicologia da oração é o vasto campo dos sentimentos que se engrandecem ao compasso das aspirações dignificadoras que dão sentido e significado à existência na Terra". O "Pai Nosso" é trajetória psicoterapêutica de valor inestimável, que de *oração* deve transformar-se em *ação*, em cada um de seus passos, de modo que um dia possamos *ser perfeitos, como perfeito é o Pai Celestial*.

---

93 Prof. José Mário Costa. *Ciberdúvidas da língua portuguesa.*
94 FRANCO, Divaldo P. Pelo Espírito Joanna de Ângelis. *Rejubila-te em Deus*. Leal Editora.

# 29
## AS LIÇÕES DA PANDEMIA

*Quando eu me encontrava preso, na cela de uma cadeia, foi que eu vi pela primeira vez, as tais fotografias, em que apareces inteira, porém lá não estavas nua, e sim coberta de nuvens... Terra! Terra! Por mais distante, o errante navegante, quem jamais te esqueceria...*

Caetano Veloso

Toda doença, seja individual ou coletiva, é entendida do ponto de vista da Psicossomática como um símbolo da alma para o corpo, refletindo tudo que deixou de ser cuidado e necessita ser transformado em nossa forma de pensar, agir e ser. O próprio Allan Kardec atentou para essa correlação entre *Psique* (alma) e *Soma* (corpo) em *O Evangelho Segundo o Espiritismo*, que nos adverte: "Remontando-se à origem dos males terrestres, reconhecer-se-á que muitos são consequência natural do caráter e do proceder dos que os suportam."

Da mesma forma que a parte enferma de um corpo é um alerta para todo o sistema, a Pandemia é um alerta para a humanidade. Isso fica evidente desde a etimologia da palavra, cuja origem vem do grego *pan* = todo; *demia* = povo. É o curso de desenvolvimento da humanidade que está em jogo, pois o "mal" em questão atinge a todos. E por atingir todas as pessoas, direta ou indiretamente, uma Pandemia serve de alerta para o que deveria ser evidente: vivemos na mesma casa planetária, embora em condições diversas de vida de cada um. Como analisa Edgard Morin:[95] "...a primeira revelação fulminante dessa crise inédita é que tudo o que parecia separado é inseparável". O nosso destino se confunde com o destino da humanidade.

E se vivemos em um planeta onde a ação de um ou poucos indivíduos pode afetar a todos, somos chamados a refletir e a nos responsabilizar sobre nossas ações. De certa forma, a Física Quântica nos ensina essa realidade. No final dos anos 60, quando o filósofo e meteorologista norte-americano Edward Lorentz apresentou a Teoria do Caos, muitos o desacreditaram. Dentro dessa teoria, ele previu o que chamou de "Efeito Borboleta", que foi exemplificada através de uma metáfora: "...o bater de asas de uma borboleta no Brasil pode gerar um furacão no Texas". A globalização demonstra que de certa forma Lorentz tinha razão, pois as ações individuais terminam afetando todos os indivíduos do Planeta, e isso coloca sobre nossos ombros grande responsabilidade, a de vencer todo e qualquer tipo de egoísmo.

O nome "coronavírus" merece uma análise simbólica. A palavra "corona" provém do latim, "coroa",

---

95 *É hora de mudarmos de via*: as lições do coronavírus. Bertrand Brasil.

que nos remete ao poder de um rei ou uma rainha. E quando o egoísmo reina na Terra, na condição de chaga principal da humanidade, os efeitos são nefastos. A coroa (*corona*) do *ego* doentio do poder precisa ser destituída e as expressões humanas descontaminadas do egoísmo, a virose mais mortal da humanidade, que enquanto não for debelada propagará pandemias e cataclismos de tempos em tempos, para nos recordar que atitudes levianas geram consequências, e a vida não pode ser desconsiderada impunemente.

Infelizmente, indivíduos e a própria humanidade parecem não aprender com a própria história, nem tampouco com os alertas que a humanidade recebe de tempos em tempos. E isso gera uma dissociação, pois o ser e o coletivo que não se pacificam com seu passado repetem dores que poderiam ter sido evitadas. Nos anos de 1918 e 1919, um século antes da Pandemia do Covid 19, portanto, a chamada "Peste Negra" ceifou mais de 50 milhões de vidas, sem que necessariamente as pessoas tivessem transformado suas atitudes. A humanidade seguiu seu curso inconsciente e inconsequente, em variados aspectos, e mesmo após os efeitos catastróficos de uma 1ª Guerra Mundial, seguida da Peste Negra, adentrou-se a uma 2ª Guerra Mundial, com os horrores do Holocausto. Como Albert Camus[96] nos alertou de maneira profética: "...a peste

---

96 *A peste*.

pode vir e ir embora sem que o coração do homem seja modificado."

É que por mais que desejemos, o vírus não transforma todos os indivíduos, se eles não aceitarem o convite à transformação. Nem duas Guerras Mundiais e todos os seus horrores foram capazes disso. O vírus não tem moralidade, pois não tem consciência, mas as pessoas podem e devem fazer sua parte. Como bem recorda Yuval Noah Harari:[97] "Os vírus não moldam a história. Os humanos, sim. Somos muito mais poderosos que os vírus, e cabe a nós decidir como responderemos ao desafio". Aceitaremos esse desafio e essa responsabilidade?

E logo as autoridades sanitárias propuseram o remédio inicial: Isolamento! As pessoas são convidadas a "ficar em casa". E ficar em casa, em sentido psicológico, é aprender a lidar com os próprios conflitos, pacificar e harmonizar o mundo interno, até mesmo para que não se projetem nos outros as próprias questões sombrias.

E como foi e tem sido difícil para algumas pessoas terem de conviver consigo mesmas, a ponto de muitas não respeitarem as mínimas recomendações de cuidado, promovendo aglomerações e transformando-se em vetor de contágio, colocando a própria vida e a de outras pessoas em risco. Isso demonstra imaturi-

---

[97] *Notas sobre a pandemia*: e breves lições para o mundo pós-coronavírus. Companhia das letras.

dade emocional e egoísmo no qual se encontram inseridas. Extremamente simbólico e significativo que um pequeno vírus nos convide a rever as relações humanas, pois enquanto nossa mente doentia estiver em ação, nossos apertos de mãos, beijos e abraços levarão adiante os vírus, não somente os da patologia física, mas também os do desamor, da descrença e da desesperança. Há um sinal para revermos e transformarmos a forma de conexão humana. Quem sabe isso nos leve a refletir sobre o valor de um olhar, de uma palavra amiga e de um gesto de afeto sincero, que não necessitam de demonstrações externas efusivas quando vêm do coração. Se a nossa casa interna não está em paz, levaremos guerras e doenças por onde quer que estejamos.

Na crise econômica que se abateu, o ser humano foi convidado a rever suas prioridades e se questionar: "O que é mesmo preciso para ter uma vida digna?" A forma de ser do *homo economicus*, que pensa apenas de forma egoica e imediatista, preocupado em consumir compulsivamente e acumular patrimônio e poder, sem pensar nas gerações futuras e no próprio planeta, é insustentável, e já sofremos as consequências imediatas desse tipo de ação. A Mãe Natureza grita contra a insanidade humana, que destrói as fontes de vida, desrespeita os ciclos naturais, transforma florestas em desertos e não vê que tudo isso se volta contra a própria humanidade. Cuidar da nossa casa única é dever e obrigação de todas as pessoas, com maior responsabilidade àqueles que detêm mais poder, possibilidades e/ou conhecimentos. Jesus[98] alertou que "na casa do meu Pai há muitas moradas", mas, até o momento, esta é a única que temos possibilidade de habitar.

A competitividade que toma conta do humano o afasta da natural cooperatividade. A lei de evolução, normalmente apresentada como tendo o vencedor "o mais forte", foi mal compreendida, pois o próprio Darwin reconheceu que a cooperação foi o que nos fez sobreviver como espécie, e que apontou a existência no ser humano de "...instintos de simpatia e de benevolência por seus semelhantes, instintos esses que estão sempre presentes e, em certa medida, sempre ativos em sua mente".[99] Mas como toda habilidade humana, o que não é estimulado e aprimorado torna-se sombrio no comportamento. A Pandemia, ao evidenciar a injustiça social no Planeta e a condição escassa de vida de grande parte de seus habitantes, aponta que a solidariedade é o remédio necessário para o momento, ao menos para minimizar as dores daqueles que não possuem um teto, nem sequer o que comer. Sem os valores e princípios de humanidade, nos transformamos em algozes cruéis da própria vida humana. Como bem aponta Matthieu Ricard:[100] "...há o suficiente na Terra para atender às necessidades de to-

---

98 *Evangelho de João* 14:2.
99 RICARD, Matthieu. *A revolução do altruísmo*. Palas Atena.
100    Idem.

dos, mas não o suficiente para satisfazer a avidez de cada um". A solidariedade, a empatia e a compaixão são remédios urgentes para os dias atuais.

A Pandemia também nos colocou face a face com a Morte. O ser humano, ao se acreditar senhor de todas as coisas, esqueceu-se da fragilidade e temporariedade da vida física, que de um momento para o outro pode se extinguir. Como aponta Edgard Morin:[101] "...nossa fragilidade estava esquecida; nossa precariedade, ocultada. O mito ocidental do homem cujo destino é tornar-se 'senhor e dono da Natureza' desmorona diante de um vírus". O problema não é morrer, mas nem sequer ter vivido de forma consciente. A questão não é somente o que iremos encontrar após a morte, mas o que efetivamente vivemos enquanto estamos no corpo. Aqueles que desrespeitam a vida, entregando-se a comportamentos autodestrutivos, demonstram que antes mesmo de morrer se desconectam da própria existência, desvalorizando esse dom precioso e colocando a vida de outras pessoas em risco.

Fora o enfrentamento da possibilidade iminente da própria morte, a Pandemia nos chamou a refletir sobre a importância de viver de forma consciente o luto. A tristeza diante da morte de um ser querido é algo natural, e as sociedades têm seus rituais, variando conforme as tradições e religiões, para simbolizar esse processo. A impossibilidade dessa ritualização, pelas

---

[101] *É hora de mudarmos de via:* as lições do coronavírus. Bertrand Brasil.

questões de ordem sanitária, levou algumas pessoas a viverem de forma traumática essa despedida física. Essa experiência ressalta a importância de valorizarmos os encontros e as relações humanas, não deixando passar a oportunidade de demonstrar nossos afetos, de resolver os conflitos que, às vezes, surgem ao longo do tempo e que costumam ser um peso quando da desencarnação dos seres amados.

E todo esse processo vivido transformou-se também em um teste para a fé. Os templos e igrejas se fecharam, e fomos convidados a encontrar Deus através do templo interior. Sair da relação convencional, estereotipada, e no fundo da alma reencontrarmo-nos com a força divina, que nunca esteve distante e fora de nós. Além disso, ficou evidenciada a importância da "fé raciocinada" proposta por Kardec. O negacionismo, infelizmente pregado por alguns líderes religiosos, levou à morte inúmeras pessoas, que não possuindo senso crítico ainda se deixam levar pelos "falsos profetas" da atualidade, negando a importância da ciência, questionando o poder das vacinas e recorrendo a técnicas milagrosas e remédios sem qualquer evidência científica. Daí, o importante alerta de Kardec,[102] de que "...o Espiritismo e a Ciência se completam reciprocamente (...) (e que) sem a Ciência, faltaria apoio e comprovação ao Espiritismo e ele poderia iludir-se". E isso deve ser válido para todas as

---

102 *A Gênese*, os milagres e as predições segundo o espiritismo. FEB

religiões. E na própria época em que Kardec viveu, a humanidade passou por um surto de cólera, e tendo recebido questionamento se os espíritas, por sua fé, estariam poupados, respondeu, na Revista Espírita de 1865: "De modo algum: tomarão todas as cautelas exigidas pela prudência e uma higiene racional, porque não são fatalistas e porque, se não temem a morte, sabem que não devem procurá-la. Ora, não levar em conta as medidas sanitárias que os podem preservar seria verdadeiro suicídio, cujas consequências conhecem muito bem para a elas se exporem. Consideram como um dever velar pela saúde do corpo, porque a saúde é necessária para a realização dos deveres sociais..."[103]

E se na convivência externa precisamos das máscaras de proteção, na relação com o divino e conosco devemos nos despir, "abrindo mão" das superficialidades que marcam algumas fórmulas e rituais sem sentido, assim como da necessidade de intermediários para essa relação, que é intransferível.

O ser humano não pode mais se dar ao luxo de prosseguir em uma vida sem sentido, vazia de sentimentos e significado. E como bem resumiu Yuval Noah Harari:[104] "...o maior risco que enfrentamos não é o vírus, mas os demônios interiores da humanidade: o ódio, a ganância e a ignorância". Somente quando nos pa-

---
103 *Revista Espírita* – jornal de estudos psicológicos, novembro de 1865. Cap. "O espiritismo e a cólera". FEB.
104 *Notas sobre a pandemia*. Companhia das letras.

cificarmos com os próprios demônios, deixando para trás o estado de sono no qual se encontra o *homo economicus e tecnologicus* dos dias atuais, poderemos finalmente construir os alicerces para o *homo noeticus* (Nous = Espírito), que consciente de sua realidade espiritual, passará a viver em harmonia consigo, com o próximo, com todas as forças da Natureza e com Deus, sem que sejam necessárias pandemias e cataclismos para recordar a finalidade da Vida. Que a Pandemia seja vivida e elaborada com consciência por todos nós, para que quando finalmente pudermos nos encontrar face a face, sejamos seres transformados.

# 30
## AO ENCONTRO DE SI MESMO

*Largar desse cais, ir sem direção. Seguir os ventos que clamam por mim. Tecer minhas teias com minhas mãos, sugar ar das entranhas desse chão meu fim. Digladiar com os dois de mim. Ser o São Jorge do meu dragão. Dividir meus segredos com a noite, minhas verdades com os céus. Trilhar as estrelas que não trilhei. Romper as portas trancadas por mim. E assim minhas mãos saberão de meus pés. E assim renascer e assim renascer...*

**Saen Saint, Altay Veloso e Gilberto Gil (Zizi Possi)**

Por mais de 15 séculos o Oráculo de Delfos, também conhecido por Templo de Apolo, foi o local buscado não somente pelos gregos, mas também por peregrinos de partes distantes do mundo de então, que preocupados com os dilemas existenciais, assim como para saber o que o futuro lhes reservava, buscavam respostas com as pitonisas e sacerdotisas, intermediárias do deus Apolo na concepção dos helênicos.

O local estava envolto nas ricas concepções mitológicas do mundo grego. De acordo com as tradições, Zeus, o deus dos deuses, desejava determinar "o centro do mundo". Soltando duas águias do alto do Olimpo, a morada dos deuses, e as direcionando em sentidos opostos, marcou o ponto de encontro como aquele onde os deuses contatariam com todos que desejassem realizar consultas e pedir orientações.

No entanto, o local era a morada da monstruosa Píton, uma serpente que havia sido mandada por Hera para matar Leto, por conta da traição dessa junto a seu marido Zeus, dando à luz aos irmãos Apolo e Ártemis. O próprio Apolo ofereceu-se para enfrentar Píton e a tendo derrotado com bravura, colocou seus restos no solo onde se ergueu o Oráculo de Delfos, no belo Golfo de Corinto.

As Sacerdotisas também eram chamadas Pitonisas (nome derivado de Píton), ou mesmo Sibilas, nome da mais famosa sacerdotisa, que terminou se transformando em referência às suas colegas. Eram escolhidas entre as mulheres que apresentavam o dom da previsão, e às quais eram exigidas castidade, desapego material e discrição no vestir. Sem entender em profundidade os mecanismos da mediunidade, acreditava-se que os gases emanados das rochas, igualmente as folhas de louro que costumavam mastigar, favoreciam o transe necessário, através do qual os deuses se manifestariam aos consulentes. Famosos estadistas também acorriam ao Templo de Delfos, como o rei Creso, da Lídia, que conforme as tradições, antes de atacar a Pérsia recebeu a enigmática resposta: "Se você o fizer, destruirá um grande império". Sem compreender o enigma, promoveu o ataque e, vencido, destruiu seu próprio reino, que era um grande império.

Os peregrinos que chegavam eram submetidos a diversos rituais, envolvendo libações na fonte de Castalla e sacrifícios aos deuses. É bem provável que levassem questões bem parecidas com as preocupações da atualidade, ligadas à sorte, riquezas, relacionamentos e sobre a vida em geral. Ali mesmo na fonte de chegada se deparavam com uma primeira inscrição: "Ao bom peregrino basta-lhe uma gota, ao mau, nem um oceano poderia lavar a sua mancha."

De certa forma, a orientação inicial do Templo demonstrava que não era um lugar milagroso, e que o trabalho moral do indivíduo se colocava como primordial para equacionamento de suas incógnitas, porquanto aos "maus", nem um oceano seria suficiente para os libertar dos males.

Passado o processo inicial, antes mesmo de realizar a consulta oracular, o pórtico do Templo colocava sua mais famosa inscrição: "Conhece-te a ti mesmo!" Para alguns estudiosos, a frase era mais longa: "Conhece-te a ti mesmo e conhecerás os deuses e o Universo". De certa forma faz sentido, quando constatamos que o ser humano é um cosmo em miniatura, "poeira das estrelas", essência divina, e que em si traz o germe de toda plenitude que pode alcançar.

Mas, o ser humano costuma apresentar uma tendência de buscar respostas fora de si, soluções mágicas para seus problemas, atalhos que permitam encurtar as distâncias entre os objetivos que almeja. No entanto, somente através do autoconhecimento, de uma observação constante de si e do próprio comportamento, na busca de se superar a cada momento, é que poderá encontrar respostas significativas. A frase do Oráculo foi muitas vezes atribuída a Sócrates, que se refere ao Templo de Delfos em algumas das obras de Platão. Em sua Apologia,[105] recorda que quando seu amigo Xenofonte perguntou à sacerdotisa se havia homem mais sábio que Sócrates, a resposta teria sido que não havia ninguém mais sábio. Sócrates entende, a partir daquela resposta, que talvez fosse mais sábio porque conhecia a própria ignorância, imortalizada na frase: "Só sei que nada sei". No caso do filósofo, essa consciência do "não saber" o levava a aprofundar questionamentos e diálogos em busca da verdade, o que o tornava, efetivamente, um homem sábio.

Agostinho de Hipona, ou "Santo Agostinho", na questão 919 de *O Livro dos Espíritos*, recorda essa inscrição délfica e aprofunda o convite ao autoconhecimento, propondo uma revisão diária das atitudes e comportamentos e consequente compromisso de reformulação daquilo que não está de acordo com a própria consciência. Quando o ser não se compromete com suas respostas internas, nenhuma outra resposta será satisfatória, porquanto não encontrará eco em suas próprias emoções e sentimentos. Muitas vezes, no consultório terapêutico, os pacientes perguntam: "O que devo fazer?" E normalmente se inquietam quando não apresentamos respostas prontas, mas novos questionamentos. É que o papel do terapeuta não é apresentar soluções, mas auxiliar o paciente a que descubra em si mesmo aquilo que busca. Deve funcionar como se você fosse um espelho, e a partir do próprio reflexo a pessoa possa se conhecer.

---

105 Platão. *Apologia de Sócrates.*

Prosseguindo em sua jornada do Templo, os peregrinos encontravam ainda uma outra inscrição: "Nada em excesso." Que sábia orientação, face aos excessos de toda ordem que têm acometido os humanos durante sua longa jornada de encontro consigo mesmo. Excessos de coisas, de queixas, de buscas externas, de extroversão, dentre outros tantos excessos, que geram escassez de contato com a própria alma, causa de inúmeros sofrimentos que poderiam ser evitados. Jesus já identificava essas ansiedades em seu tempo como fontes de sofrimento: "...não vos preocupeis com a vossa vida quanto ao que haveis de comer, nem com o vosso corpo quanto ao que haveis de vestir. Não é a vida mais do que o alimento e o corpo mais do que a roupa?" Não me parece que Ele negligenciasse a essas necessidades, mas é bem provável que se referisse aos excessos de toda ordem, que retiravam o ser da busca principal que deveria fazer. Por isso, apontava a dinâmica da natureza, das aves do céu, dos lírios do campo, como metáfora para busca de equilíbrio, e por fim propunha: "Buscai em primeiro lugar o Reino de Deus e a sua justiça, e todas essas coisas vos serão acrescentadas". Apontava então para a consciência, o "Reino de Deus", como fonte para todas as respostas buscadas.

Hoje, além dos excessos daquele tempo, somam-se o excesso de tecnologias, de conexões, de metas externas, de consumo, de coisas... que pouco tempo deixam para o convívio consigo mesmo, o mergulho interior tão necessário para estarmos em harmonia conosco. E todo excesso aponta para uma carência interna, que quando não trabalhada convenientemente, busca compensar-se com o excesso de outras coisas. Somente que a sede de alma não consegue ser saciada com coisas e questões externas, e não raro esse vazio conduz à depressão profunda, resultado da alma que perdeu a conexão consigo mesma. Como remédio aos excessos – a temperança, o equilíbrio.

Por fim, uma quarta reflexão convidava os peregrinos de Delfos à introspecção: "Tu és!". Quando perguntado quem era, Jesus respondia: "Eu Sou"! O ser humano precisa reconhecer sua grandeza, não como forma de orgulho ou exacerbação do *ego*, mas para não se perder em questões de menor importância, desviando o foco da missão principal que veio realizar. Caminhamos nesse misto de fragilidade e grandeza, já percebido por Pascal quando escreveu: "É perigoso mostrar demais ao homem como ele é igual aos animais, sem lhe mostrar sua grandeza, e é também perigoso mostrar-lhe demais sua grandeza sem sua baixeza. Mais perigoso ainda é deixá-lo ignorar as duas". Aqui também o equilíbrio, reconhecer nossas fragilidades e limitações, mas mirar as estrelas que nos aguardam. Como recorda o sábio escritor e filósofo indígena, Ailton Krenak: "Nós fomos convidados para uma dança cósmica, e para uma dança cósmica precisamos estar vestidos com a melhor roupa. A nossa melhor roupa é a personalidade transformada".

Reconhecer o divino que habita em nós nos faz pacificar com o humano que devemos ser. Tu és! Deve ser uma recordação diária, para que o *ego* saiba que seu papel é ser servidor da grandeza que nos habita e ao mesmo tempo ser tomado de humildade, por reconhecer esse mesmo divino habitando em todos os outros seres.

O que o Oráculo de Delfos, de modo similar outros tantos sábios e sábias da humanidade apontaram ao longo do tempo é que as respostas que buscamos encontram-se dentro de nós mesmos.

Ao longo das páginas deste livro, apresentamos diversos temas, citações de autores e autoras que se aprofundaram na tentativa de decifrar os enigmas humanos, igualmente exemplos de pacientes que compartilharam conosco suas histórias, algumas bastante sofridas, mas que resultaram em transformação ao mergulharem a fundo em si mesmos.

Esperamos que, a partir de nossas reflexões, você também consiga mergulhar em si. São tempos difíceis, sabemos, mas os grandes navegadores não se formam em mares calmos. As tempestades podem deixar cicatrizes, contudo nos fortalecem o caráter e nos permitem descobrir novas forças, que não saberíamos existir fosse a vida isenta de desafios.

O mais importante, no entanto, é jamais desistir de seguir "Ao Encontro de Si Mesmo" e, por trás de todas as dores, incompreensões e sofrimento vividos descobrir a essência divina que habita o nosso mundo íntimo. Desejamos a você uma bela jornada!

Para receber informações sobre nossos lançamentos, títulos e autores, bem como enviar seus comentários, utilize nossas mídias:

intelitera.com.br

@ atendimento@intelitera.com.br

▶ youtube.com/inteliteraeditora

◎ instagram.com/intelitera

f facebook.com/intelitera

◎ claudiosinoti

◎ irissinoti

Esta edição foi impressa pela Lis Gráfica e Editora no formato 155 x 230mm. Os papéis utilizados foram Hylte Pocket Creamy 60g/m² para o miolo e o papel Cartão Ningbo Fold 250g/m² para a capa. O texto principal foi composto com a fonte Sabon Lt Std 13/18 e os títulos em Sabon Lt Std 20/30.